근대
불교
인물
열전

근대한국학 대중 총서 03

근대 불교 인물 열전

초판 1쇄 인쇄 2021년 5월 21일
초판 1쇄 발행 2021년 5월 31일
—

엮은이 연세대학교 근대한국학연구소 인문한국플러스(HK⁺) 사업단 지역인문학센터
펴낸이 이방원
편 집 정조연 · 김명희 · 안효희 · 정우경 · 송원빈 · 최선희 · 조상희
디자인 양혜진ㆍ 손경화 · 박혜옥   **영 업** 최성수
—

펴낸곳 세창출판사
　　　　신고번호 제1990-000013호 **주소** 03736 서울시 서대문구 경기대로 58 경기빌딩 602호
　　　　전화 02-723-8660 **팩스** 02-720-4579 **이메일** edit@sechangpub.co.kr **홈페이지** http://www.sechangpub.co.kr
　　　　블로그 blog.naver.com/scpc1992 **페이스북** fb.me/Sechangofficial **인스타그램** @sechang_official
—

ISBN 979-11-6684-032-6 94910
　　　　978-89-8411-962-8 (세트)

_ 이 책은 2017년 정부(교육부)의 재원으로 한국연구재단의 지원을 받아 수행된 연구임(NRF-2017S1A6A3A01079581)

_ 본 표지에 이용된 해에게서 소년에게 이미지는 '한국학중앙연구원'에서 작성하여 공공누리 제1유형으로 개방한 '해에게서 소년에게/최남선(작성자: 한국학중앙연구원)'을 이용하였으며, 해당 저작물은 '한국학중앙연구원, 한국민족문화대백과사전 홈페이지'에서 무료로 다운받을 수 있습니다.

근대한국학 대중 총서 03

근대
불교
인물
열전

연세대학교 근대한국학연구소
HK⁺ 사업단 지역인문학센터

세창출판사

발간사

인간은 언제부턴가 현상의 이유를 알고 싶어 하는 물음, 즉 '왜'라는 질문을 하기 시작했다. 어떤 철학자는 이 질문과 더불어 비로소 인간이 된다고 한다. 자연스럽게 경험되는 현상을 그 이유(reason)부터 알고자 하는 것, 그것이 곧 이성(reason)의 활동이고 학문의 길이다. 이유가 곧 이성인 까닭이다. '존재하는 모든 것에는 충분한 이유가 있다(충족이유율)'는 학문의 원칙은, 따라서 '존재는 이성의 발현'이라는 말이며, '학문에의 충동이 인간의 본성을 이룬다'는 말이기도 하다. 최초의 철학자들이 자연의 변화 이유를 알고 싶어 했었는데, 이내 그 모든 물음의 중심에 인간이 있음을 알게 된다. 소크라테스의 "네 자신을 알라"는 말은 물음의 방향이 외부에서 내부로 이행되었음을, 인간에게 가장 중요한 물음이자 답하기 어려운 물음이 인간 자신에 대한 물음임을 천명한다.

자연과학이 인간에 대한 물음에 간접적으로 관여한다면 인문학(Humanities)은 인간을 그 자체로 탐구하고자 한다. 자연과학의 엄청난 성장은 인문학 역시 자연과학적이어야 한다는 환상을 심어 주었다. 대상을 객체로 탐구하는, 그래서 객체성(객관성)을 생명으로 하는 과학은, 주체성과 상호주체성으로 특징지어지는 인간의 세계뿐만 아니라 인간 역시 객체화한다. 인간이 사물, 즉 객체가 되는 순간이며, 사람들은 이를 인간성 상실이라고 말한다.

우리는 다시 묻는다. 나는 누구이며 인간은 무엇인가? 이 물음은 사물화된 인간에 대한 반성을 담고 있다. 인간이 이처럼 소외된 데는 객체화의 원인이라는 이유가 있을 것이다. 그것을 찾고자 인문학이 다시 소환된다. 자신의 가치를 객관적 지표에서 찾으려 동분서주했던 대중들 역시 사물화된 자신의 모습에 불안해한다. 인간은 객관적 기술이 가능한 객체라기보다 서사적 존재이고, 항상적 본질을 반복적으로 구현하는 동물이라기보다 현재의 자신을 끊임없이 초월하고자 하는 실존적, 역사적 존재이다. 인간에게서는 실존이 본질을 앞선다. 문학과 예술, 역사, 그리고 철학이 사물화된 세계에서 호명된 이유이다.

한국연구재단은 이러한 사명에 응답하는 프로그램들을 내놓았다. 그것들 중에서도 "인문한국(HK, HK+)" 프로그램은 이 문제에 가장 직접적으로 대면한다. 여전히 성과, 즉 일종의 객체성에 의존하는 측면이 있기는 하지만 인문학자들의 연구활동과 대중들의 인문의식 고양에 획기적인 프로그램으로 자리 잡았다.

연세대학교 근대한국학연구소는 2017년 11월부터 한국연구재단으로부터 "근대한국학의 지적기반 성찰과 21세기 한국학의 전망"이라는 어젠다로 인문한국플러스(HK+) 사업을 수주하여 수행하고 있다. 사업단 내 지역인문학센터는 연구성과 및 인문학 일반의 대중적 확산에 주력하고 있다. 센터는 강연과 시민학교, 청소년 캠프 및 온라인 강좌 등을 통해 전환기 근대 한국의 역동적인 지적 흐름들에 대한 연구소의 연구성과들을 시민들과 공유하고 있다. 출간되는 대중 총서 역시 근대한국의 역사, 문학, 철학 등을 인물별, 텍스트별, 주제별, 분야별로 대중에게 보다 폭넓게 다가가기 위해 기획되었다. 이 시리즈들을 통해 나와 우리, 즉 인간에 대한 물음에 함께하기를 기대한다.

연세대학교 근대한국학연구소
인문한국플러스(HK+) 사업단 지역인문학센터

차례

근대, 불교인들의 삶을 통해서 보기

　한국인에게 근대 시대는 기존의 질서와 새로운 질서가 서로 교차하던 혼란의 시기이며, 나라를 잃어 제대로 보호받지 못한 시기이다. 밀려들어 오는 서구 문물들로 인해서 사람들의 외적 삶이 바뀐 것뿐만 아니라, 기존의 가치와 질서가 흔들렸다. 평생 기르던 머리를 자르고, 집안에 일이 있을 때 무당을 찾아가던 이들이 교회당에 나가고, 정규 교육에서 배제되었던 여성들이 교육받을 기회를 얻었다. 이로 인해 부모로부터 받은 몸을 훼손하지 않으려던 유교적 가치는 중요하지 않은 것이 되고, 신성하던 마을 앞 신목은 악마의 나무로 간주되어 선교사의 손에 의해 베어지고, 교육받은 여성들은 수동적 존재에서 주체적 존재로 살고자 했다. 저항할 틈도 없이 밀려오는 타자와 타자의 문화 속에서 개개인은 삶의 방향을 찾아 나섰다.

격동의 시대를 어떻게 살아갈까? 이 질문에 대해 지식인들은 각자 자신이 처한 상황 속에서 자신만의 답을 찾아갔다. 이 책에서는 9명의 불교 지식인들을 통해서 이를 살펴보고자 한다. 그들이 보여 주는 삶의 모습은 산업 발달로 다시 혼란스러워진 세상 속에서 길을 찾아 헤매는 우리에게 이정표를 제시해 줄 수 있을 것이다.

근대 시대의 한국 불교

근대 시대 불교는 조금은 애매한 위치를 가지고 있다. 종단의 생존이라는 측면에서 보았을 때, 유학이나 다른 종교들과 다르게, 근대의 정세나 상황이 긍정적으로 작용한 면이 큰 편이기 때문이다. 조선 시대 중심 이념이었던 신유학으로 인해 불교는 주변부로 밀려나면서 여성들의 신앙적 갈망을 채워 주는 종교로 유지되어 왔다. 신유학을 통치 이념으로 삼은 조선 왕조의 불교에 대한 탄압은 잘 알려져 있다. 승려들의 숫자를 제한하고, 종이 만들기, 차 만들기, 성곽 수비와 같은 다양한 부역을 부과하면서도 차별적으로 대했다. 탄압은 시대가 흘러가면서 강도가 심해졌고, 많은 부역에 시달리면서 승려들이 자유롭게 도성에 출입할 권한마저 박탈당하였다. 그러던 불교가 오히려 근대가 되면서 전통 종교로, 하나의 주요 종교로 자리를 잡아 가게 되었다. 이러한 자리매김은 내적 개혁 운동 때문만이 아니라, 일본 정부의 지원이라는 외적 요소도 있었다.

한국 불교의 근대와 관련해서는 일본의 영향 관계를 무시할 수 없다.

일본은 식민지 진출을 준비하면서, 서구인들이 기독교라는 종교를 먼저 진출시켰던 것처럼, 똑같은 방식을 조선에 사용하고자 했다. 그래서 먼저 일본 불교 종단들을 조선에 진출시키고, 기존에 있던 조선 불교를 호의적으로 대하고 지원을 아끼지 않았다. 식민 지배 시대에도 일본은 서양 기독교의 대항 세력으로 불교를 지원했고, 불교라는 공통분모로 조선과 일본을 하나로 연결시키고자 했다.

1876년 강화도 조약으로 일본에 문호가 열리면서, 일본 승려들이 조선에 들어오고, 일본 불교를 소개하였다. 1877년 일본 불교(정토진종)의 포교소가 부산에 설치되었는데, 이는 불교의 새로운 바람이었다. 포교를 위해 자유롭게 도심을 다니는 승려가 존재하고, 포교라는 새로운 방식을 활용하는 불교가 처음 소개된 것이다.

1895년에는 조선 시대부터 유지되어 온 도성 출입 금지가 해제되었다. 세종 때에도 도성 출입에 약간의 제한이 있어 왔으나, 중종 때 공무 이외의 승려의 도성 출입은 금지되었으며, 18세기 정조 때에 좀 더 강화되어 공무가 있을 때에도 출입을 엄격히 통제했다. 사실 도성 출입 금지 해제는 동학 농민 혁명 이후 논의되다가 시행처인 군국기무처가 폐쇄되는 바람에 시행되지 못했던 것이다. 그러다 일본 승려만 자유롭게 다니는 것을 안타깝게 여긴 일본 일연종의 사노 젠레이가 건백서를 올려 김홍직, 박영효의 허가를 받았다. 그러나 그것도 잠시, 다시 금지령이 발효되어 1896년 김구 선생이 승려 생활을 할 때 금강산으로 가다가 당시 부활한 출입 금지령으로 제지당하기도 했다고 한다. 그럼에도 도성의 자유로운 출입이 일단 허용됐다는 것은 승려의 지위가 한 단계 올라간 것이며, 조선 불교 승려도 이제는 자유롭게 포교할 수 있게 되었다는 것이었다. 이에 당연히 조선 승려들의 반응은 긍정적이었고, 이듬해 조선 승려와 일본 승려가 함께 이를 축하하는 행사를 하기도 했으며, 심지어 조선 불교의 지도자 중 일부는 일본에까지 건너가 감사를 표하기도 하였다. 개항 후 국권 피탈 이전까지 조선 불교인들에게 일본 불교는 현대화되고 세련된 개혁의 모델이었다.

근대 불교의 또 하나의 중요한 사건은 1902년 동대문 옆에 원흥사를 창건한 일이다. 원흥사는 본래는 대한제국 정부가 사찰을 체계적으로 정비하고자 세운 사찰이었으나, 2년 뒤 폐쇄된다. 그런데 이후 원흥사에 불교연구회가 설립되고 일본 정토종의 후원을 받으면서 1906년 첫 근대적 승려 양성소인 명진학원이 세워진다. 당시 가르쳤던 과목은 불교학보다는 일반 과목의 비중이 높았다. 이미 강원에서 불교 기본 경전 공부를 마친 대교과를 졸업한 승려들을 대상으로, 불교 포교를 위한 포교사 양성을 목적으로 했기 때문이다. 그래서 일주일 동안 20여 시간을 포교학·외국어·외국 역사·측량학·농업 초보·산술·이과·도서·수공·체조 등을 배웠다. 한용운, 권상로 등의 불교 지식인들이 명진학교를 마치고 일본 유학을 다녀왔다. 처음에는 일본 정토종 소속이었으나 1908년 한국의 통합 종단인 원종이 설립되면서 그 산하 학교가 되었다가 두 차례의 폐쇄에도 불구하고, 1928년 불교전수학교로 재개교 이후, 지금의 동국대학교에 이르렀다.

명진학교는 당시 기독교와의 경쟁 속에서 불교를 살리고자 하는 이들의 노력으로 계속 유지될 수 있었다. 그 시대에 유행했던 사회진화론으로 인해 불교 지식인들은 불교가 시대에 뒤떨어져 도태될 수 있으리라는 두려움을 한 켠에 가지고 있었다. 다윈의 진화론에 기반하여 스펜서가 제시한 사회진화론은 사회나 사유도 생물학처럼 단순한 형태에서 복잡한 형태로 발전하며, 이 과정에서 적자생존의 원칙이 적용된다고 주장했다. 기독교의 교세 확장으로 인해 기독교 학교를 위한 부지로 사찰의 부지가 몰수되거나, 사찰 건물이 기독교인들에게 점령당하는 경험을 하며 그들은 당시 조선 사회를 약육강식과 우성열패의 사회진화론의 원리가 적용되는 경쟁의 사회로 인식하였다.

1908년에는 50여 명의 주요 승려가 원흥사에 모여 한국의 통합 종단인 원종을 세운다. 조선 시대에 선교양종으로 관리되다가 그 명맥이 사라져서 종단이 없던 한국 불교가 포교와 교육 등을 목적으로 새롭게 종단을 세운 것이다. 하지만 이는 곧 분쟁으로 이어진다. 해인사의 강백(경전 강사)으로, 원종의 대표로 추대된 이회광이 종단의 인가를 받기 위해서라는 명목으로 일본 조동종과의 통합을 도모하려고 했기 때문이다. 일본은 조선 불교를 일본 불교 산하에서 관리하려는 의도를 가지고 있었는데, 이회광이 이들과 야합했던 것이다. 이에 한용운, 박한영 등이 그 위험성을 인지하고 반대하여 통합을 무산시키고, 1911년 이를 반대한 승려들을 중심으로 임제종을 설립한다. 임제종의 정부 인가를 받기 위해 한용운은 자금 모금 운동 등을 벌이며 노력했으나, 1911년 일본에 의해 사찰령이 공포된 이후, 그다음 해에 해산된다. 원종도 결국은 인가받지 못하여 사찰령 선포 이후 해체되고 조선 불교 선교양종 각 본산 주지회가 만들어진다. 각 본산 주지회가 식민지 기간 동안 한국 불교를 대표하는 기관으로 존재하였다.

1911년 6월 3일 공포된 사찰령은 일제의 불교 관리 지침으로, 해방이 된 지 60년이 넘은 지금도 총본산을 중심으로 산하 사찰을 두는 중앙 집중적인 큰 틀이 바뀌지 않고 있다. 사찰령으로 인해 불교는 하나의 승인된 종교로 공식적으로 인정되었고, 조선 시대와 달리 자유롭게 포교가 허용되었다는 점에서는 긍정적으로 보인다. 하지만, 불교의 재산권을 총독부에서 가지게 되어서 종교와 정치의 분리가 되지 않게 되었고, 사찰의 법규 변경 시 총독부의 승인을 받게 하여 기독교에 비해서 총독부의 통제를 받는 상황에 놓였다. 불교가 자율성과 독립성을 가질 수 없게 된 것이다.

이런 과정을 겪으면서 개화기 때에 일본과 일본 불교의 영향에 환호하였던 불교 지식인들은 서서히 조선 불교의 자주적 변화에 대해 고민하게 되며, 이 때부터 불교 개혁론들이 대두되기 시작한다. 또한 젊은 승려들을 중심으로 사찰령에 대해 반발하는 운동들도 전개되었다. 1920년 창립된 조선불교청년회는 사찰령 개정안을 제안했고, 1921년 창립된 조선불교유신회는 사찰령 철폐를 요구하는 건백서를 총독부에 올렸다. 하지만, 둘 다 결실을 맺지 못한 채 해체되었다. 불교의 사찰령은 해방 이후까지 지속되어 국가 권력에 의한 불교 통제는 한동안 계속되었다.

근대 한국 불교 지식인들의 과제

근대 시기 불교 지식인들에게 가장 크게 다가온 문제들은 실존의 문제, 불교의 부흥과 포교, 일제의 식민 지배로 인한 국권의 상실이었다. 격동의 시기에 인간은 실존적 질문에 자신을 내던지기 쉽다. 어느 하나 분명한 것이 없는 상황에서 인간이 할 수 있는 것은 물음을 통해 답을 모색하는 것이기 때문이다. 그들은 개인이었지만, 또한 불교의 수행자였기에 불교가 시대에 뒤떨어져 도태되지 않게 하고자 하는 바람도 있었다. 뿐만 아니라 한 나라의 민중이었기에 나라를 잃은 상황이 주는 억압과 통제에서 자유롭지 않았다. 이처럼 불교 지식인들은 다층적 문제에 직면했었고, 각자의 자리에서 수행에 전념하거나, 독립 운동에 참여하거나, 불교 개혁을 위한 비판의 목소리를 내거나, 새로운 불교 운동을 시작하였다. 그렇게 실존의 문제에 대한 답을 찾아 각자의 길을 걸어갔다.

경허는 원래 경전을 공부하는 학승이었으나, 전염병이 창궐한 마을에서 죽음의 두려움에 떨던 자신을 마주하면서, 실존적 문제를 화두로 삼아 집중 수행을 하다 깨달음을 얻었다. 정해진 스승의 직접적 지도나 깨달음 인가 같은 것 없이, 홀로 자신의 본래 모습과 마주하는 깨달음을 얻었고, 스스로를 서산의 선맥(禪脈)과 연결 지었으며, 이를 통해 기존에 끊어졌던 선맥을 되살렸다. 깨달음을 얻은 이후에는 선어록에나 나올 법한 다양한 기행(奇行)을 행하면서, 계율이나 윤리적인 틀, 어디에도 얽매이지 않는 선불교의 경지를 보여 주었다. 이를 '무애행(無碍行)'이라고 부르는

데, 이는 한국 선불교의 하나의 특징으로 자리매김하게 되었다. 불교 수행자로서 명성을 얻은 그는 이후 한국 선불교 발달의 중추적 역할을 할 제자들인 만공, 혜월, 수월을 제자로 두었다. 경허의 실존적 고민은 이처럼 단지 개인의 깨달음에서 그치지 않고, 한국 선불교를 새롭게 시작하는 기점이 되었다.

박한영, 백용성, 한용운은 동시대에 활동을 하면서 식민지 시대에 불교의 저항이 필요할 때 함께하며, 조선 불교가 일본 불교와 통합되는 것을 막고자 했던 사람들이다. 이 셋은 각자의 방향에서 불교 개혁론을 제시했었는데, 모두 포교를 강조한 점에서는 같았으나 구체적 내용은 각각의 색깔만큼 방식에서 약간씩 차이가 있었다. 박한영과 백용성은 모두 전통적 계율을 엄격하게 지킬 것을 강조했던 반면, 한용운은 시대적 상황과 현대적 변화에 맞춘 적용을 주장했다. 그래서 박한영, 백용성과 달리 한용운은 당시의 쟁점이었던 대처식육(帶妻食肉)을 옹호하였다.

박한영은 전통적인 불교의 선지식(善知識)이다. 19세에 혼란한 세상과 삶에 대한 고민을 가지고 답을 찾기 위해 승려가 되어 전통적 방식으로 착실히 불교의 교학을 공부하였고, 교학을 가르치는 강사로 활동하였다. 하지만, 1908년 불교의 미래에 대한 고민을 안고 서울로 올라와서 만해 한용운, 금파 경호와 함께 불교의 개혁을 위해 노력했다. 평생을 승려로서 계율을 철저히 지키며, 불교의 미래를 위해 필요한 것이 무엇인지 고민하고, 답을 찾아 실천하며 평생을 살았다. 포교를 위해서 대중의 눈높이에 맞추는 교육의 필요성을 강조하며, 현대적 시류의 변화에 맞추어 근대적 교육 기관과 일반 대중에까지 강의 영역을 넓혔다. 1926년 개운사 대원암에서 시작한 일반인을 위한 강학은 당시 지식인 계층의 모임 장소 역할을 했다. 많은 문인들을 비롯한 지식인들이 그곳에서 불교를 비롯한 동양의 전통 사상을 박한영과 함께 공부했다. 박한영은 모든 것을 포용하는 전통 화엄의 세계관을 바탕으로 서양의 사상과 동양의 가치가 조화롭게 세상에 기여하는 세상을 꿈꾸었기에 그의 제자들도 마찬가지였다. 박한영과의 공부 외에 서양 사상에 대한 스터디 그룹도 꾸려 가며 한국 근대 인문학의 기반을 마련했다. 급변하는 근대 시대에 우리 전통적 사유가 가진 가치를 배우며, 그들은 조선의 정신을 지키고자 했다. 어수선한 시대에 승려가 되어, 박한영은 자신이 처한 상황 속에서 변화를 적극적으로 수용하면서도 전통의 가치를 지켜 내는 방식으로 그 시대를 살아 냈다.

백용성은 독립 운동을 지원하며 일본에 저항한 승려로 알려져 있으나, 그에 못지않게 불교의 근대화와 대중화 운동에 남긴 업적도 크다. 태어날 때부터 스님의 태몽을 받고 태어났던 그였지만, 냉정한 계모와의 관계 때문에 승려가 되기로 결심하였다고 한다. 그는 교학만을 공부한 것이 아니라 염불과 계율에 대해서도 공부를 하였고, 염불 수행과 선 수행을 함께하여 두 차례의 깨달음의 경험을 하였다. 일본의 식민 지배에 저항하는 3·1 운동에 참여, 선농원을 세워 독립 운동 자금을 지원하고, 독립 운동가의 가족들을 돕는 일도 하였다. 또, 불교를 대중의 눈높이에 맞추기 위해 경전을 한글로 번역하고, 참선 수행법을 대중에게 처음 보급하였으며, 불교의 핵심 사상을 '대각(大覺)'이라고 보고 불교를 기복 신앙이 아닌 모든 사람들이 깨달음을 얻기 위해 수행하는 신앙으로 재정립하였다. 비록 일제의 훼방으로 그가 세운 대각사는 폐쇄되었으나, 그가 남긴 대중 불교의 정신은 후손들에게 남아 계속해서 꽃을 피우고 있다. 백용성은 계율을 지키는 데에 있어서는 전통을 따르되, 다른 부분에서는 가장 개혁적으로 불교를 근대화시키고 대중화시키는 데 앞장섰다. 비록 당시 여러 장애로 자신이 꿈꾸었던 것을 이루지 못했으나, 희망을 잃지 않고 끝까지 실천하던 활동가였다.

한용운은 불교의 대표적 독립 운동가이자 문인으로 잘 알려져 있다. 어릴 적부터 세상에 기여를 하겠다는 원대한 포부를 가지고 있었으나, 포부가 큰 만큼 암울하게 돌아가는 세상에서 방황의 시간도 길었다. 불교에 귀의하여 신식 교육을 받고 일본 유학을 다녀온 후 일본의 선진 불교에 매료됐었으나 국권 피탈과 한일 불교를 합치려는 시도를 보고 일본의 속내를 알게 되어 이후 독립 운동가로서 삶을 살게 되었다. 불교의 가르침에서 자유와 평등이라는 근대의 가치를 찾아내고, 불교가 근대에 맞는 종교가 되기를 바라며, 미신을 타파하고 대중에게 다가가는 불교 개혁론을 제시하였다. 독립된 조선, 개혁된 불교는 그가 꿈꾸던 이상적 세계였고, 그는 이를 그리며 님을 향한 사랑을 노래했다. 비록 그가 그리던 이상은 그의 생전에 실현되지 못하였지만, 그의 희망의 시들로 후대의 사람들은 그가 꿈꾸던 길을 완성시킬 수 있었다.

한편, 박중빈은 근대의 혼란기에 불교 교리에 기반한 신흥 종교인 원불교를 창시하였다. 정식으로 불교 공부를 한 것은 아니지만, 삶의 문제에 답을 구하며, 도와 깨달음의 세계를 찾아 수행을 하던 중 깨달음의 체험을 하고 나서, 이 체험이 불교에서 이야기하는 체험과 유사함을 알고 불교에 기반한 새로운 종교 운동을 시작하였다. 박중빈은 근대 시대에 조선 불교가 나아갈 바를 좀 더 많은 사람을 포용할 수 있는 대중 불교라고 보고, 이를 위해 한글로 번역된 경전이 필요하며, 복잡한 교리들의 핵심을 체계적으로 정리해야 하고, 누구나 쉽게 수행할 수 있어야 한다고 생각했다. 그래서 그는 복잡한 불교 교리의 핵심만을 뽑아 계정혜(戒定慧) 삼학으로 정리하고, 핵심 경전들을 한글로 번역하였으며, 비싼 불상을 대신할 일원상을 만들었다. 이러한 가르침을 바탕으로 누구나 쉽게 함께 할 수 있는 재가자 중심의 생활과 수행 공동체를 만들었다. 그가 시작한 원불교 공동체는 간척지 개간을 통해 경제적 자립을 확보하고, 계정혜 삼학을 실천하며 정신 개벽을 할 것을 주장하였다. 오랜 기간 깨달음을 얻기 위해 방황하던 그는 불교에서 답을 찾아 이를 바탕으로 새로운 불교를 창설한 것이다.

앞선 이들이 불교를 다시 부흥시켜 근대적 종교로 자리매김하는 데 좀 더 집중을 했다면, 최남선, 백성욱, 김법린은 조국의 독립 문제에 더 관심을 가졌고, 김일엽은 여성으로서 개인의 실존 문제에 초점을 맞추고 있다.

최남선은 조선 정신에 관심을 가지고 불교를 공부하며, 평생을 조선심에 대해서 연구해 온 사람이다. 비록 조선과 조선 불교의 정체성 및 우월성을 증명하는 방식으로 일본의 논리를 활용하는 한계를 가지지만, 단군에 대한 연구나 그가 남긴 조선 불교에 대한 글은 해방 이후 한국과 한국 불교의 정체성을 규명하는 데 큰 영향을 끼쳤다. 그는 문화 운동을 통해 조선의 정신을 지키기 위해 집안의 전 재산을 바쳤었다. 그러나, 길어지는 일본의 통치와 고갈되는 재산 속에서 조선 독립의 희망을 놓아 버리고 친일로 전향한다. 이런 그를 비난만 할 수 있을까? 일본의 통치가 오래되면 단군에 대한 역사의 기록이 남지 않을 것 같아서 이를 지키기 위해 조선사편수회에 들어갔다는 최남선의 변명을 우리는 어떻게 보아야 할까? 최남선의 일생은 식민지라는 암울한 시기를 살아 본 적이 없는 우리에게 골치 아픈 질문을 던지고 있다. 우리 눈에는 항일에서 친일로 변절자의 삶을 산 그였지만, 자신은 조선심을 위해서 살았을 뿐이라 한다. 이런 그의 말을 어떻게 보아야 할까.

백성욱은 유럽으로 건너가 불교를 공부한 최초의 독일 불교박사로 알려져 있다. 하지만 그는 학문적 업적을 남기기보다는 실천가로 살았다. 유학을 가기 전에도 상해에서 독립 운동을 했으며, 다녀온 뒤에도 불교의 개혁을 위해 조선불교청년회의 부흥에 참여하였다. 중앙학림 교수를 하던 중 1928년 돌연히 금강산에 들어가 수행의 시간을 가지면서 조국의 독립을 위해 『화엄경』을 제창하기도 하였다. 해방 이후에는 내무부장관, 동국대학교 총장 등 행정가의 역할을 하기도 하였으나, 총장 퇴임 이후 '백성목장'이라는 곳에 수행 공동체를 세웠다. 낮에는 일하고 저녁 때는 『금강경』을 독송하는 방식이었다. 유럽 유학을 다녀왔으나, 연구와 후진 양성에 매진하는 학자보다는 사회적 족적을 남기는 행정가, 수행 공동체를 이끄는 수행자의 삶을 살았다.

김법린은 최근에 주목받게 된 불교계 독립 운동가로 백성욱과 마찬가지로 3·1 운동 직후에 중국으로 망명하여 유럽으로 유학을 떠났고, 귀국 후에는 불교 개혁 운동과 비밀 결사 조직인 만당을 결성하는 등 항일 운동을 하였다. 파리에 머무를 당시에도 1927년 브뤼셀에서 열린 세계피압박민족반제국주의대회에 참여하는 등, 독립 운동가의 길을 계속 걸었다. 해방 이후에도 백성욱과 비슷한 길을 걸어 조계종 총무원장, 교육부장관, 동국대학교 총장의 삶을 살았다.

　김일엽은 근대라는 혼란기 속에서 신여성 문필가로서 낡은 시대를 벗어난 새로운 삶의 방식을 추구하며 살았다. 변화의 선봉에서 많은 도전을 하던 그는 성리학과 기독교를 거부하며 정신적 의지처를 찾던 중, 불교에 귀의하게 된다. 불자로서 열렬한 재가 신도의 길을 거쳐 수행자로 삶을 살며 그 안에서 자신의 실존적 문제의 답을 찾아 안식을 얻었다.

　근대 시기 9명의 불교 지식인은 앞을 알 수 없는 상황 속에서 인생의 답을 찾다 불교를 만나 불교에서 머물며 각자의 길을 찾아 걸어갔다. 각자 선택했던 길은 달랐지만, 모두 치열하게, 자신의 자리에서 주변의 장애에도 굴하지 않고 희망을 가지고 살아 낸 것이다.

경허,
한국 선불교를 중흥시키다

지혜경
연세대학교 철학연구소

경허(鏡虛, 1849~1912)는 교학 중심의 한국 불교에 선불교의 바람을 다시 일으켜 현재의 한국 불교가 있게 만든 사람으로 알려져 있다. 그의 제자들로는 한국 조계종을 끌어온 만공, 수월, 혜월이 있으며, 그들의 제자들이 현재 한국 불교에서 중추적 역할을 해 왔다. 예를 들어 조계종 종정인 진제는 경허-혜월-운봉-향곡-진제로 이어지고, 한국 불교의 국제화에 힘을 썼던 숭산도 경허-만공-고봉-숭산으로 이어지는 계보를 갖고 있다.

1. 깨달음을 얻기 전의 삶

경허의 어린 시절 삶에 대해서는 많이 알려져 있지 않다. 태어났을 때 아이가 며칠 동안 울지 않았다는 일화가 전해지고 있으며, 태어나자마자 아버지가 돌아가셔서 가난한 살림살이에 어머니가 아이를 절에 맡겼다고 한다. 고아원이 따로 없던 조선 시대에는 이처럼 가난한 집의 아이들을 절에 맡기는 일들이 종종 있었다. 1857년 9살 때 청계산의 청계사에서 계허에게 계를 받아 사미승으로서 출가 아닌 출가를 했다. 그러나 그곳에서 오랜 시간 배운 것은 아미타염송(阿彌陀念誦) 정도였고, 그곳에 잠깐 머물던 박 처사로부터 글을 배웠다. 그러다 환속하기로 마음먹은 계허가 추천서를 써 주어 1862년 계룡산 동학사에서 불교를 가르치는 이만화에게로 간 이후, 처음으로 불교를 제대로 공부하게 되었다.

방한암이 쓴『경허 행장』에 의하면, 경허는 몇 달이 안 되어 글을 짓고 만화와 불교의 교리에 대해 토론했다고 한다. 경허는 암기력이 좋아서 경전이나 경전의 주석 내용을 금방 외웠으며, 또한 논리정연하게 그 의미를 설명했고, 나아가 불교뿐만 아니라 유학이나 노장의 사상에도 정통하게 되었다. 23세 때에 만화의 뒤를 이어 동학사 강원에서 강사의 직책을 맡아 승려들을 가르쳤다. 그가 처음 가르친 것은 『화엄경』이었는데, 『화엄경』의 요약본을 가지고도 강의를 잘해서 인기가 많았다.

잘나가는 불교 강사로 생활하던 중, 경허는 31세 때에 예상치 못하게 삶을 전환시킨 큰 경험을 하게 된다. 환속한 옛 스승인 계허를 만나기 위해 서울로 향하던 중, 천안에서 저녁 무렵에 큰비를 만났다. 그래서 마을로 달려가 하룻밤 묵게 해 달라고 부탁했으나, 집마다 문은 닫혀 있고, 아무도 경허를 받아 주지 않았다. 그중 한 집의 사람이 호통치듯 말하기를, "이곳에는 전염병이 크게 돌아, 걸리기만 하면 서 있던 사람도 죽는 판인데, 너는 어떤 사람이길래 죽는 곳에 들어왔는가"라 하였다. 그 말을 듣는 순간, 죽음의 두려움이 경허의 몸과 마음을 덮쳤고, 이에 그는 혼비백산하여 도망치듯 마을 어귀 커다란 나무 아래로 가서 비를 피했다. 비바람은 심해지고 젖은 몸은 한기가 들고, 머리가 아팠으며, 열이 올랐다.

돌림병이 옮았을까 하는 불안한 생각 속에 두려움에 떨면서, 그 두려움의 순간에 그동안 강의해 온 "생사일여(生死一如)", 삶과 죽음은 하나라는 구절이 그의 머릿속에 떠올랐다. 그러나 그 순간의 자신을 보니 삶과 죽음은 하나가 아니라 둘이었다. 지금까지 공부를 해서 알고 있는 것을 깨달은 것이라고 생각해 왔는데, 그것이 아니었음을 알게 된 것이다.

무언가에 대해서 아는 것과 실제 그 상황을 맞닥뜨렸을 때 적용하는 것에는 거리가 있다. 죽음에 대해 잘 아는 듯이 이야기하는 사람도, 막상 죽음의 순간에 두려움을 느끼지 않는 것은 쉽지 않으며, 아무리 남들의 연애 문제에 좋은 훈수를 두는 사람도, 막상 자신의 연애 문제에서는 다른 이들과 마찬가지로 골머리를 썩인다. 행복한 삶에 대해서 행복한 가득 이야기하던 사람들이 자살이라는 극단적 선택을 하는 것을 우리는 여러 번 목격해 왔다. 어떤 이는 이를 언행일치가 안 된 삶이었다고 비난하지만, 아는 것을 바로 실천할 수 있는 것은 아무나 쉽게 할 수 있는 것이 아니다. 이처럼 아는 것과 현존하는 삶의 순간의 문제에 이를 적용하는 것은 별개의 문제인 것이다. 그럼에도 공부를 하는 것은 경허의 경우처럼, 머리에 저장해 둔 것이 삶의 필요한 순간에 떠올라 문제를 해결할 수 있는 실마리를 줄 수 있기 때문이다.

당시의 경허는 죽음을 막을 수도 두려움을 누를 수도 없었다. 그런 자신을 보면서, 스승을 만나러 서울로 가는 것을 포기하고, 머릿속에 죽음과 깨달음에 대한 의문과 "여사미거, 마사도래(驢事未去, 馬事到來)"의 화두를 담고 동학사로 돌아왔다.

2. 깨달음, 콧구멍 없는 소

　동학사로 돌아온 경허는 스승에게 인사도 안하고, 방에 들어가 수업을 듣는 학생들을 모두 해산시킨 후, "여사미거, 마사도래(당나귀의 일도 끝나지 않았는데 말의 일이 다가왔다)"라는 화두를 가지고 참선에 전념하였다. 이 화두는 당나라 시대 위산의 제자인 영운의 일화에서 나온 것이다. 한 스님이 영운에게 불교의 대의가 무엇이냐고 물었다. 그러자 영운은 "여사미거, 마사도래"라고 대답했다고 한다. 일반적으로 이 화두는 당나귀의 일이 끝나지도 않았는데, 말의 일이 또 밀려왔다는 것으로, 생각이, 번뇌가 끊임없이 이어지는 것에 대한 이야기라고 본다. 한편 윤창화는 이를 나귀의 일과 말의 일을 대비시켜 이것과 저것의 분별로 보아, 이렇게 분별하지 말라는 것으로 해석하고 있는데, 이 해석이 불교의 철학의 전반적 맥락에서 좀 더 설득력 있어 보인다. 하지만, 이러한 해석은 문자적으로 이해해 본 의미이고, 화두를 깬다는 것은 이와는 다른 차원의 것이다.

　이처럼 화두에 집중하여 행하는 참선을 간화선 수행이라고 한다. 화두를 잡고 계속 화두에 대한 의문에 집중하여 머무르다 보면 이것이 의심의 덩어리가 되어서 모든 생각이 '나'라는 생각도 없이 잠을 자든 깨어 있든 오롯이 의문에만 집중하게 되고, 그렇게 의심의 덩어리와 내가 하나가 되어, 점점 의심의 덩어리가 커져 이러지도 저러지도 못하는, 꽉 막혀 가슴이 답답한 상태가 된다. 이를 불교에서는 은산철벽의 상태라고 한다. 은으로 된 산이 사방을 둘러싸서 숨을 쉴 수도 없을 정도로 답답한 상태가 되는 것이다. 의심으로 똘똘 뭉쳐진 화두의 덩어리를 깨어 버리고 나아갈 때 비로소 대자유의 느낌을 갖게 되며, 그 순간이 깨달음의 순간인 것이다. 수행을 하기 위해 잡는 화두는 보통 선의 경지에 이른 이전의 선사들의 말에서 찾는다. 화두는 공안이라고 부르는데, 본래 의미는 관공서에 제출하는 공문을 일컫는 용어로, 불교에서는 선사들의 말 중에서 모범을 삼을 만하고, 수행에 도움이 되는 이야기와 말을 말한다. 「무문관」의 이야기들이 대표적인 공안이고, 그 안에서 화두는 보통 한 단어나 문구를 사용하는데, "무", "마삼근" 등이 있다. 화두는 스승이 있는 경우는 스승이 주는데, 경허는 스승 없이 스스로 "여사미거, 마사도래"라는 화두를 찾아 수행했다.

경허는 송곳으로 무릎을 찌르면서 밤을 새워 용맹정진한 지 3개월이 되던 즈음, 깨달음의 계기를 만났다. 『경허 행장』에서는 그 계기를 만나게 된 상황을 다음과 같이 전하고 있다.

한 사미승이 옆에서 시중을 드는데 속성은 이씨라, 그의 부친이 좌선을 여러 해 동안 하여 스스로 깨달은 곳이 있어서 사람들이 다 이 처사라고 부르는데, 사미의 사부가 마침 그 집에 가서 처사와 이야기를 하는데 처사가 말하기를 "중이 필경에는 소가 된다" 하니 그 스님이 말하기를 "중이 되어 마음을 밝히지 못하고 다만 신도의 시주만 받으면 반드시 소가 되어서 그 시주의 은혜를 갚게 된다"고 했다. 처사가 꾸짖어 이르기를 "소위 사문의 대답이 이렇게 도리에 맞지 않습니까?" 그 스님이 이르기를 "나는 선지(禪旨)를 잘 알지 못하여 그러하오니, 어떻게 대답해야 옳습니까?" 하니 처사가 이르기를 "어찌 소가 되기는 되어도 콧구멍 뚫을 곳이 없다고 이르지 않는고?"라 하였다. 그 스님이 묵묵히 돌아가서 사미에게 이르기를 "너의 아버지가 이러이러한 이야기를 하던데 나는 무슨 뜻인지 모르겠다." 사미가 이르기를 "지금 주실(籌室) 화상이 선 공부를 심히 간절히 하여 잠자는 것도 밥 먹는 것도 잊을 지경으로 하고 있으니 마땅히 이와 같은 이치를 알지라, 사부께서는 가서 물으소서." 그 스님이 홀연히 가서 예배를 마치고 앉아서 이 처사의 말을 전하는데 소가 콧구멍이 없다는 말에 이르러 화상이 안목이 정히 움직여 옛 부처 나가진 소식이 활연히 앞에 나타나고 대지가 꺼지고 물질과 나를 함께 잊으니 곧 옛사람의 크게 쉬고 쉬는 경지에 도달한지라, 백천 가지 법문과 헤아릴 수 없는 묘한 이치가 당장에 얼음 녹듯 기와가 깨어지듯 하니 때는 고종 십육 년 기묘 동짓달 보름께였다.

— 『경허 행장』

처사란 불교에서 남자 신도를 부르는 말이다. 남자 신도를 거사라고도 부르는데, 처사와 거사의 차이는 처사는 특히 절에 머무르며 절의 잡일을 도와주는 사람인 반면, 거사는 절에 머무르지 않는 남자 신도를 말한다. 본래 거사는 불교의 가르침을 따르고 계율을 지키는 남녀 재가 신도 모두를 일컬었다. 조선 시대에 들어와서 불교를 폄하하고 억압하는 국가 정책에 의해, 세속적인 출세에 욕망을 가지지 않아 절에 왔다 갔다하는 남자들을 낮추어 보아서 처사라는 표현을 썼으며, 여자들은 사찰에 많은 시주를 하며 불교가 유지되는 데에 도움을 주었기에 보살이라 부르기 시작하였다. 현재는 처사와 거사를 큰 차이 없이 사용하고 있다. 사미는 정식 승려가 되기 전의 예비 승려를 말한다. 승려가 되기 전에는 행자라 하여 절의 일을 돕는 수련 과정을 거치고, 사미의 10가지 계율을 받으며 예비 승려가 된다. 사미는 이후에 지켜야 할 250계인 구족계를 받는 수계식을 거쳐 정식 승려인 비구가 된다. 여성은 사미니라고 하며, 비구니가 되기 위해서 받아야 하는 구족계가 348계이다. 당시 사미의 이름은 원규라고 하고, 원규의 사부는 동학사의 사무를 담당하던 도일이라고 한다.

선지란 선 수행을 행하여 깨달음을 얻은 이들이 알게 된 가르침이다. 선 수행을 하면 깊은 명상 속에서 초월 체험을 통해 본래 자신의 모습을 직접 체험하고, 불교의 가르침에 대한 모든 의문을 해결할 수 있는 지혜를 획득하게 된다. 이 경험은 언어로 표현될 수 없으나, 경험을 한 이들은 깨달은 자의 수사법으로 서로의 깨달음을 확인하거나, 깨달음을 얻기 위해 수행하는 이를 도와줄 수 있다. 그래서 이 처사는 도일을 통해 선지의 시선에서 소처럼 앉아서 수행하고 있는 경허에게 힌트를 줄 수 있었다. 경허가 전해 듣고 깨달음을 얻었다는 '콧구멍 없는 소(牛無鼻孔處)'라는 표현은 콧구멍이 없어서 코뚜레를 뚫을 수 없는 소이기에 어디에도 얽매이지 않는 자유로운 존재라는 의미로 해석해 볼 수도 있으나, 그 구절이 의미하는 바가 무엇인지는 정확히 알기 어렵다. 여하튼 경허는 이 말을 전해 듣고 온몸으로 깨달음의 순간을 체험한다. 한용운의 『경허 선사 약보』에서는 그 순간에 대해 "스님을 대지가 둘러 빠지고, 물건과 내가 함께 공하며 백천 가지 법문과 한량없는 묘한 이치가 당장 얼음 풀리듯 하였다"라고 표현하고 있다. 이 묘사를 통해 볼 때, 깨달음의 순간에 수행자는 자신의 본래 모습이 공함을 체험한다고 할 수 있다. 이때의 순간에 대해 경허는 홍주 천장암에서 머무르며 긴 깨달음의 글(오도송)을 짓는데, 그 가운데 가장 자주 회자되는 마지막 부분은 다음과 같다.

홀연히 콧구멍 없다는 말을 듣고,
무릇 삼천세계가 내 집임을 깨달았네.
유월 연암산 아랫길에,
일없는 들사람이 태평가를 부르네.

나와 대상 세계가 하나 되는 초월적 체험을 통해 나의 참모습을 마주하고, 세상의 이치를 깨달은 경허의 삶은 달라졌다. 한용운은 『경허 선사약보』에서 "이때로부터 육신을 초탈하여 작은 일에 걸리지 않고, 마음대로 자재하여 유유자적하였다"라고 서술하고 있다.

3. 선의 중흥

사방을 돌아봐도 사람이 없으니,
의발을 누가 전해 준거나.
의발을 누가 전해 줄거나.
사방을 돌아봐도 사람이 없구나.

경허의 깨달음의 선맥(禪脈)은 공식적으로 없다. 그의 깨달음을 인가해 주는 스승을 갖지 못했기 때문이다. 의발은 승려가 입는 옷인 가사와 밥 그릇인 발우를 말한다. 의발을 전한다는 것은 법통을 전한다는 것으로, 스승이 제자의 깨달음의 경지를 확인했을 때 그 상징으로서 스승으로부터 제자에게로 전해졌다. 그래서 그의 오도송은 위의 구절로 시작한다. 인가받을 스승도 없는 현실 속에서 경허는 조선 불교의 수행 전통을 다시 되살려 후학을 길러 내며 선맥을 살리고자 했다. 그는 자신의 수행 전통의 계보를 용암 혜언(1783~?)과 연결 지었는데, 이를 따라 올라가다 보면, 휴정, 즉 서산(1520~1604)의 12세손이 된다. 불교는 스승과 제자를 부자 관계로 보아 계보가 연결되는 것을 자손이 대를 잇는 것과 유사한 것으로 표현한다. 실제로 경허는 청허당을 가장 존중하고 스승으로 생각했다고 한다.

깨달음을 얻은 후로는 속가의 형제인 태허가 있던 천장암에서 머물며, 서산의 개심사와 부석사를 오가며 좀 더 수행의 시간을 가졌다. 이미 깨달음을 얻은 이가 왜 또 수행이 필요했을까? 이에 대해 마벽초는 다시 보림(保任)을 하신 것이라 한다. 보림이란 일단 얻은 깨달음의 경지를 굳건히 다지기 위한 추가 수행을 말한다. 아무리 나의 참모습과 만나서 순간 초월적 경지를 체험했다 하더라도, 그것은 하나의 찰나일 뿐이다. 오랜 생각의 습관은 다시 이전의 상태로 돌아가게 하기 쉽다. 그래서 불교에서는 나의 참모습을 단박에 깨달은 이후, 깨달음의 상태를 유지하기 위해 계속해서 수행을 해야 한다고 한다. 이것이 돈오점수이다.

천장암에서 수행을 하며, 사람들에게 법문도 하고, 훗날 한국 선불교를 이어 갈 세 명의 제자인 혜월, 만공, 수월을 만난다. 1884년, 혜월은 은사 스님의 추천으로 개심사에 있던 경허를 찾아가 서로 선문답을 주고 받은 뒤 경허의 제자가 되어 공부하기 시작했다. 같은 해, 잠시 동학사에 들렀을 때 동학사의 진암이 영특한 소년이 있다면서 소개하였는데, 그 소년이 만공이다. 그때 14살이었던 만공은 천장암으로 가서 주지인 태허를 은사로, 경허를 계사로 해서 사미계를 받았다. 수월은 당시 태허를 은사로 수행하던 승려였다가 경허의 제자가 되었다.

경허는 책 속에 박제되어 있던 선불교를 현재에 살아 있는 것으로 되살렸다. 깨달음을 얻고 천장암에 머물 때, 어느 날은 사람들을 모아 놓고 어머니를 위한 법문을 할 테니 모셔 오라고 했다. 그곳에서는 속가의 어머니도 함께했었다. 어머니가 자리에 앉자 한동안 가만히 있다가 갑자기 옷을 벗고, 알몸으로 어머니 품으로 달려들었다. 어머니는 소스라치게 놀라서 알몸의 다 큰 아들을 밀치며 도망쳤다. 일설에 의하면 이후 경허는 한참을 통곡했다고 한다. 이를 어떻게 법문으로 볼 수 있을까? 그는 김담여에게 자신이 통곡한 이유를 시간에 따라 변해 가는 인간관계의 무상함 때문이었다고 설명했다. 경허가 갓난아이였을 적에 어머니는 그 발가벗은 몸을 씻기고 안아 주며 그를 돌봐 주었다. 그러나 성인이 되고 나서는 어머니는 그의 알몸을 보고 질색을 한 것이다. 경허는 모든 것은 마음에 따라 변한다는 그 무상함을 이렇게 몸으로 보여 주었다. 그의 법문의 이러한 파격적인 형태는 이전의 선불교 어록에서 자주 나온다. 물론 이 경우처럼 알몸을 보인 경우는 없지만, 큰 소리를 지른다든지, 몽둥이로 때린다든지, 손가락을 자른다든지 하는 행동을 통해 상대에게 깨달음의 계기를 주고자 했다.

태평상인이라는 승려와 나눈 선문답도 이러한 맥락에서 볼 수 있다. 하루는 태평상인이 경허에 대한 소문을 듣고 찾아와 부석사에서 경허를 만났다. 태평상인이 "달마가 서쪽에서 온 까닭은 무엇입니까"라고 묻자, 경허는 대뜸 지팡이(주장자)로 그를 후려쳤다. 그러자 태평상인이 "때리는 것은 좋소만, 그렇다고 달마가 서쪽으로 온 까닭에 대해 답한 것은 아니지요?"라고 했다. 이에 경허가 "달마가 서쪽에서 온 까닭이구나"라고 대답하자, 이번에는 태평상인이 지팡이로 경허를 쳤다. 얻어맞은 경허가 "사자는 사람을 물고 한로는 흙덩이를 쫓거든"이라고 말하자, 태평상인이 공손히 말했다. "법의 은혜가 망극합니다." 이에 경허는 웃으며 법당으로 들어갔다.

"달마가 서쪽에서 온 까닭은 무엇입니까"는 선사들끼리 서로를 확인하기 위해 자주 사용하는 화두이다. 한로는 중국 한나라 때 개 이름이며, 흙덩이를 쫓는다는 것은 쓸데없는 일에 힘을 쏟는 것을 말한다. 사자는 불교에서 부처님의 상징으로 사용된다. 예전에 계율에 정통한 한 스님이 대주 혜해에게 부처님이 설한 경전을 읽고 계율을 실천하는 일을 왜 견성(見性)을 한다고 하지 않느냐고 물었다. 이에 혜해는 "이는 미친개가 흙덩이를 쫓는 것과 같다. 수행은 사자가 사람 물듯이 해야 하는데, 경전을 읽고 계율을 실천하는 일은 내 마음의 본래 모습을 깨닫게 하기 위한 방편일 뿐이다. 그것을 읽고 실천하는 사람이 바로 본래 모습 자체란 말이다"라고 하였다. 경전을 읽고 계율을 실천하는 것은 나보다는 바깥에 있는 것에 에너지를 쏟는 것일 뿐, 내가 보아야 할 참모습을 볼 수 있는 직접적 수행은 아니다. 그렇기에 견성이라고 하지 않고, 견성을 위한 방편이라고 한다. 경허는 태평상인의 질문이 흙덩이를 쫓는 개처럼 본질을 떠나는 것이라고 일침을 놓은 것이다. 그래서 태평상인이 공손한 태도로 마무리를 지은 것이다. 일반인들이 보기에는 서로 간에 치고받는 기행으로 보이지만 그들의 행위는 전통적 선사들처럼 서로 간의 깨달음의 경지를 확인한 것이다.

1899년 해인사에 머물면서, 경허는 결사 운동을 시작하게 된다. 결사는 고려 시대 보조 지눌이 불교에 대한 비판을 통해 개혁을 하고자 했던 일종의 새로운 신앙 공동체 운동이다. 당시 해인사에서 고종의 명으로 대장경을 인쇄하고 수선사(修禪社)를 설치하는 일을 맡게 되었는데, 사람들이 경허를 추대하여 그 일의 책임을 맡았다. 수선사는 본래 보조 지눌의 결사 모임의 이름이면서 이를 위해 설치한 사찰 이름이다. 수선사를 짓는다는 것은 이러한 정신을 계승하는 것이고, 경허는 이에 해인사뿐만 아니라 범어사, 화엄사에서 결사를 일으켰다.

경허의 결사 운동은 모든 대중을 대상으로 하였다. 일반적으로 결사는 뛰어난 수행 능력을 가진 이들의 공동체로 생각하기 쉬우나, 그는 자격을 규정하거나 제한을 두지 않았다. 다만 결사에 참여하는 이는 선정 수행과 경전 공부를 함께하는 정혜쌍수(定慧雙手)의 수행을 통해 이후 도솔천에 태어나 함께 수행하며 바른 깨달음을 얻는 것을 목표로 한다. 불교에서는 자력으로 깨달음을 얻는 선불교의 가르침과 수행을 통해 불보살의 도움으로 정토에 태어나 그곳에서 깨달음을 얻는 타력 신앙이 모두 존재한다. 정토란 뛰어난 부처와 보살이 사람들을 구원하겠다는 강한 소망을 가지고 만든 세상으로, 잘 알려진 정토는 아미타불의 서방정토이다. 경허가 말한 도솔천은 미륵보살이 머무는 곳이다. 불교의 가르침은 인간의 자력 수행을 강조하지만, 대다수의 사람에게 그 길은 너무 멀기에 지눌도 선 수행과 정토 사상을 접목시켰으며, 경허도 마찬가지였다. 타력 신앙은 불교의 구원의 문을 좀 더 많은 이들에게 열어 주는 역할을 한다.

그는 새로운 불교 수행 공동체가 잘 나아갈 수 있게 결사에 참여하는 이들이 지켜야 할 규범들도 제시하였다. 그 내용은 누구를 대표 책임자로 둘 것인지, 수행할 때의 자세, 공동체를 어떻게 유지할 것인지, 수행자로서 지켜야 할 금욕적인 삶의 태도 등의 내용으로 구성되어 있다. "술을 마시거나 음행을 하는 것은 부처님께서 깊이 경계하셨으니, 술을 마시거나 음행을 한 사람은 단연코 축출해야 한다. 그리고 의복은 6일이 되기 전에는 세탁해서는 안 된다." 술과 음행에 대해서 이렇게 단호하게 계율을 지킬 것을 이야기하면서, 흥미롭게도 그는 무애행(無碍行)을 행하며 이를 위반하는 파격적 행동들을 하였다. 그래서 그의 행적에 대해서는 논란이 많다.

4. 무애행인가? 파계승인가?

경허의 행적은 다양한 기행과 파격으로 가득하다. 이를 한쪽에서는 무애행이라고 하기도 하지만, 또 다른 한쪽에서는 도덕적으로 문제 있는 파계승으로 본다. 무애행이란, 어디에도 걸림이 없는 행위라는 의미로, 불교의 계율이든 사회적 틀이든 어디에든 얽매이지 않고 자유롭게 행동하는 깨달은 자의 행위를 말한다. 무애행으로 잘 알려진 이가 원효이다. 원효는 '일체 무애인(無碍人)은 한 번에 생사를 벗어난다'라는 무애가를 부르며, 이른바 스님으로서의 품위 지키기에 얽매이지 않고 민초들과 함께하는 삶을 살았다. 원효의 무애가는 마음의 분별적 판단으로부터 자유로워진 이가 생사의 고통으로부터 자유로워질 수 있음을 표현하고 있다. 옳고 그름이란 사회적 규약으로, 이는 절대적인 것이 아니다. 그래서 우리의 참된 모습과 하나 된 이는 그러한 세속적 판단에 얽매이지 않는다. 요석공주와의 동침을 통해 설총을 낳은 행위도 본래는 계율을 어긴 행동이지만, 이 또한 무애행의 한 모습이라 할 수 있다. 깨달음을 얻지 못한 이가 무애행을 본뜬 행위를 하게 되면 도덕적으로 물의를 일으키거나 정신적으로 문제가 있는 사람으로 취급될 수 있다. 그만큼 겉으로 드러난 행동만으로는 무애행인지 판단하기 어렵다.

6년 동안의 보림 기간을 마치고, 옷과 탈바가지와 주장자 등, 모든 것을 다 태워 버린 후 경허는 무애행을 행했다. 앞서 어머니 앞에서 알몸을 보인 법문이나, 태평상인과 서로 치고받은 행위도 무애행의 일종으로 볼 수 있다. 이러한 기행들은 사실 윤리적으로 크게 문제 될 것이 없지만, 경허의 여러 기행은 여성과 동침을 하고 술을 마시는 등, 불교의 계율을 어기거나 윤리적 경계선에서 서 있다.

가장 유명한 이야기가 광녀와의 동침 이야기이다. 해인사에 계실 때 경허가 만신창이가 된 광녀를 데리고 와서 한방에서 같이 식사하시고 같이 주무시고 하였다. 제자였던 만공은 이에 놀라 사람들이 알까 두려워, 스님께서 주무신다며 사람들을 돌려보내곤 하였다. 하루는 방문을 열고 들어가 보니 경허가 여자에게 팔베개해 주고, 주무시고 계신 게 아닌가. 그런데 자세히 보니, 그 여자는 이목구비를 분간할 수 없고, 손가락도 문 드러져 있는 한센병 환자였다. 심지어 고름 등의 악취가 코를 찌를 정도 였다고 한다.

또 다른 이야기는 만공과 탁발 다니던 이야기이다. 탁발은 스님이 이 집 저집을 돌아다니며 시주를 받는 행위이다. 하루 종일 탁발을 다니다 어스름한 저녁때가 되었다. 시주를 받아 짐은 무거운데, 다리는 피곤하 여 걷기가 힘들어 만공은 자꾸 쉬었다 가자고 하였다. 그러던 중, 어느 마을에 이르러 우물가 근처를 지나는데, 한 처녀가 머리에 물동이를 이 고 가는 것이 보였다. 경허가 동네 한복판에서 그 처녀의 양 귀를 잡고 입을 쪽 맞춰 버렸다. 그 순간 처녀는 놀라서 물동이를 떨어뜨리고, 이를 목격한 동네 사람들이 몽둥이를 들고 소리를 지르며 경허에게 달려들었 다. 졸지에 경허와 만공은 마을 사람들에게 잡히지 않기 위해 정신없이 달렸다. 얼마를 달려 산 중턱에 이르러 보니 마을 사람들이 더 이상 쫓아 오지 않았다. 이에 만공이 왜 그러셨냐 물으니 경허가 말하였다. "아직도 다리가 피곤해서 걷지 못하겠느냐?"

한번은 경허가 서산의 한 생선 도매상에 가서 머물며 일을 도와주었 다. 일을 도와주며 지내던 중, 주인의 부인이 부엌에서 음식을 준비하는 데 옆에서 불을 때고 있던 경허가 부인의 엉덩이를 툭툭 치며 "엉덩이 참 이쁘다"라고 하였다. 이에 주인 부인이 화가 나서 집주인에게 말하여, 청년들에 둘러싸여 죽을 정도까지 맞았다. 스님의 체구는 거구였는데도 저항 한번 하지 않고, 그대로 맞았다. 거의 죽어 가는 경허를 집주인은 창고에 방치했었는데, 마침 그곳에 일을 보러 왔던 사람이 이를 보고 구해 주었다.

경허는 술을 좋아했다. 하루는 만공과 길을 가는데 쉬고 있는 장례 행렬을 만났다. 그곳에 배가 고프니 음식 나누어 줄 것을 청했다. 한 상여꾼이 술밖에 없다 하니, "술이 있으면 술을, 고기가 있으면 고기를 달라" 하였다. 사람들이 스님이 어찌 술을 달라 하냐며 핀잔을 주자, "술을 마셔서 안 된다면 곡차라고 하며 마시면 되지 않겠습니까"라고 대꾸하였다. 이에 상여꾼들이 술을 주어 마시고 있는데, 상주가 이를 유심히 보고 "보아하니 공부 많이 하신 무애행을 행하는 스님이신 듯하니 돌아가신 우리 아버님의 명당을 하나 잡아 주실 수 있는지요?" 하고 여쭈었다. 이에 경허는 갑자기 소리를 버럭 지르며 "명당은 해서 뭣에 써? 다 고깃덩어리밖에 아무것도 아닌데. 명당이고 지랄이고 해 봐야, 고깃덩이는 땅에 묻히면 구더기가 파먹고, 산에 버리면 까치밥이 될 뿐인 것을…"이라 하였다. 술을 대접하고 큰소리를 들은 상주들은 화가 나서 "이런 땡중이…"라고 하면서 경허를 막대기로 치려 했고, 경허는 다 덤비라며 소리를 질렀다. 흔하디 흔한 술판에서 벌어지려는 싸움판의 모습이었다. 이에 상주 중 맏이가 동생들을 진정시키며 다음과 같이 말했다. "스님 말씀이 맞습니다. 『남화경』에도 구더기나 까치의 밥이 되는 이야기가 나오지요. 저희가 미처 알아뵙지 못했습니다." 경허는 상주에게 "모든 것은 허망할 뿐이오, 만약 모든 것들이 허망한 줄 알면 그대들도 참된 모습을 볼 수 있을 것이오"라고 가르침을 주었다.

이성과 술은 불교에서 금기하는 것임에도 경허는 미묘하게 그 선을 걸치며 기행을 보였다. 한센병 환자와의 동거는 단순히 욕망을 추구한 것이라기보다는 두려움 없고 자비심이 있는 승려의 모습으로 볼 수 있다. 만공의 걸음을 가볍게 한 이야기는 마음먹기에 따라 피로해서 걷지 못하는 상황에서도 걸을 수 있다는 것을 보여 주는 좋은 이야기이나, 이를 위해 여성을 도구로 삼았다는 측면에서는 문제라 볼 수 있다. 생선 도매상 부인의 경우는 그대로 맞고만 있었기에 이를 과연 기행으로 보아야 할지, 단순한 성희롱 건으로 보아야 할지 애매하다. 상여 행렬과의 만남 이야기의 경우도 "모든 것이 허망하다"는 가르침을 준 것이라 볼 수도 있지만, 술 취한 이의 죽은 자에 대한 무례한 발언으로 볼 수도 있다.

경허의 이런 기행에 제자들은 불편해하기도 하고, 이를 무애행으로 보아 크게 개의치 않기도 하였다. 하루는 시봉하던 어린 승려가 매번 경허의 술상을 차리는 것이 마음에 내키지 않아 안주에 비상을 섞었다. 그런데, 경허가 비상을 털어 내며 아무 일도 없다는 듯 태연하게 안주와 술을 다 드셨다고 한다. 덕행으로 유명한 승려 제산이 해인사에 머물던 경허를 모시면서, 경허가 좋아하시는 곡차와 안줏감을 다른 사람들 모르게 준비해서 챙겨 드렸다. 그러나 금세 사람들 사이에서 소문이 났었고, 그 소문이 당시 주지였던 남전의 귀에 들어갔었다. 남전이 당황하여 제산에게 사실 여부를 확인하니 소문이 사실이었다. 워낙 덕행이 유명하고 계율을 잘 지키던 제산이 경허의 무애행에 강한 확신을 갖고 있었기에, 남전은 이에 의문을 품고 용맹정진하고 경허를 이해하게 되었다. 그래서 식사하는데 앞에 발우를 펼쳐 놓고도, 제산에게 "이 발우가 보이지 않습니다"라는 선지를 보이기도 하였다고 한다. 나중에 만공과 이에 대해 이야기할 기회가 생기자, 제산은 "누가 뭐라 해도 나는 경허 스님께 곡차와 닭고기를 준비해 드리리라"라고 했고, 남전은 "경허 스님과 같은 어른을 위해서라면 거리낌 없이 닭이 아니라 소라도 잡아 드리리라" 하였으며, 만공은 "나는 경허 스님을 위해서라면, 깊은 산중에 모시고 살다가 양식도 떨어지면 내 살점을 오려서라도 스님의 생명을 유지케 하여 중생을 제도하시게 할 자신이 있다"라고 하였다.

제자들의 경허에 대한 신뢰는 이처럼 컸다. 분명 경허의 행적은 파계적이기는 하지만, 한편 일반인이 감당할 수 없는 비범한 부분을 가지고 있다. 그래서 경허 사후, 일제 강점기 시대 때 두 명의 불교학자는 경허에 대해 각기 다른 평가를 내리기도 했다. 권상로는 『한국선종약사』에서 "술을 마시고 고기를 먹음이 큰 지혜에 거리낌이 없으며 도둑질과 음행(淫行)이 커다란 깨달음의 걸림이 되지 않는다"라고 보았다. 반면 이능화는 『조선불교통사』에서 "세인들이 이르기를, 경허 화상은 변재가 있고 그가 설한 법은 비록 고조사(古祖師)라고 할지라도 넘어설 수 없다고 한다. 그러나 이는 그저 제멋대로일 뿐이요, 아무런 구속도 없이 음행과 투도(偸盗)를 범하는 일조차 거리낌이 없었다. 세상의 선류(禪流)들은 이를 다투어 본받아 음주식육이 보리와 무관하고 행음행도(行淫行盗)가 반야에 방해되지 않는다고 다투어 말하고 이를 대승선이라 하여 수행이 없는 잘못을 가리고 덮어서 모두가 진흙탕으로 들어갔으니, 이러한 폐풍은 실로 경허에서 그 원형이 시작된 것이다. 총림은 이를 지목하여 마설(魔說)이라 해야 할 것이다"라고 평가했다.

경허의 무애행은 어떻게 수용해야 할까? 대승선에는 두 단계가 있다. 술을 예로 들자면, 일반 대승선의 단계에서는 술 앞에서 술을 마시지 않는다. 그러나 최고의 대승선의 단계에서는 술이나 고기를 보았을 때 거기에 매이지 않는 상태. 나아가 매이지 않으려는 마음도 없이 있는 그대로 대하는 것이다. 무애행은 최고의 대승선의 단계에서 나오는 것이다. 앞선 일화에서 보면, 경허는 최고의 대승선의 모습을 가지고 있는 것으로 보인다. 그러나 이능화의 말대로 경허의 파계적 행동을 흉내 내며 최고의 대승선을 행하고 있다고 자신들을 합리화시키는 승려들이 많아진 것 또한 사실이었다. 그래서 『행장』에서는 "가르침(法)을 따르는 것은 좋으나 행동(行)을 따라서는 안 된다"라고 하였다.

그의 기행 중, 더욱 흥미로운 것은 타인으로 하여금 자신을 때리게 하는 일화들이다. 앞서 생선 도매상 부인을 희롱하여 얻어맞을 상황을 만들고 나서 저항하지 않고 맞았고, 또 아이들에게 자신을 때리게 하고 돈을 주기도 하였다. 하루는 해인사 근처 마을 고갯마루에서 나무꾼 아이들을 만났다. 아이들에게 말을 걸어 "너희들 나를 아느냐?"라고 하자, "모릅니다"라고 아이들이 대답했다." "내가 보이느냐" 하자 아이들은 "보입니다"라고 답했다, 그러자 경허는 "나를 알지는 못하는데 어찌 내가 보이기는 하는가…"라고 중얼거리고 아이들에게 지팡이를 건네며 "너희들이 만일 이 지팡이로 나를 때리기만 하면, 내가 과자 사 먹을 돈을 주겠다. 한번 때려 보아라"라고 말하였다. 주저하고 있던 아이 중 한 명이 나서서 정말이냐고 확인하고 때리기 시작하였다. 그런데 경허는 맞으면서도

"왜 나를 때리지 않니, 네가 나를 때리기만 하면 부처도 때리고, 조사도 때리고, 모든 세계의 모든 부처와 역대의 조사부터 천하의 늙은 스님을 한 대로 때려치울 수 있을 텐데 말이다"라고 하였다. 때리던 아이가 조금 당황하여 대들었다. "때렸는데도 안 때렸다 하시니, 스님이 돈 안 주시려고 그러는 것 아닙니까." 이에 경허는 그 아이에게 돈을 주고, 다음의 시를 읊조렸다. "온 세상이 흐릿한데 나 혼자 깨어 있나니/ 숲속에 숨어 남은 생애를 지내느니만 같지 못하다."

맞으면서도 나를 때리지 않느냐고 할 때의 나란 불교에서 말하는 참나이다. 그것은 실체가 없는 공한 속성을 가지고 있기 때문에 때리거나 다치게 할 수 없다. 그런데 이게 누구의 깨달음에 도움을 줄 수 있을까? 불교에서는 선과 악의 기준을 깨달음을 얻는 데 도움이 되느냐 아니냐로 삼는다. 앞서 알몸 법문, 탁발 때의 일화, 광녀 이야기, 장례 행렬 일화는 모두 불교적 깨침의 메시지를 일반인들과 제자들에게 준다. 모든 것이 마음에 달려 있다, 나의 존재의 실체는 공하다 같은 불교의 가르침을 주변인이 깨우칠 수 있게 도와준다. 그러나 앞서 생선 도매상에게 얻어맞은 일도 그렇고, 맞는 행위는 누구에게 도움을 주는 것일까? 마치 자신에게 벌주는 듯한 이러한 행위는 경허 자신에게 도움이 되는 것일까? 이에 대한 실마리는 일제 강점기 김태흡의 『인간 경허』에서 찾아볼 수 있다. 화엄사 승려 진진응과 경허가 수도암에서 머물 때, 진진응이 경허의 주색잡기에 대해 그만한 것을 제어하지 못하면서 어떻게 다른 이들의 모범이 되겠냐고 힐난하자, 경허의 얼굴이 빨개지며, "내가 출가했던 청계사는 결혼한 승려들이 있던 곳으로 여러 사람이 주색에 빠진 것을 어려서부터 보고 들어 이 습관이 본성이 되어서 그칠 수가 없게 되었다"라고 답했다. 이로 볼 때, 어쩌면 몸에 깊이 밴 습관을 극복하지 못한 자신에 대한 벌이었을까?

그로 인한 자책감 때문일까, 1905년 만공에게 전법게를 주고 경허는 갑자기 사라져서 한동안 사람들은 그의 자취를 알 수 없었다. 한참이 지난 뒤, 그가 머리를 기르고 황해도 지역에서 훈장을 하며 아이들을 가르치다가 입적하였다는 소식을 듣고 제자들이 찾아가 그의 임종게를 받아와 세상에 알렸다.

마음의 달 홀로 둥글어,

그 빛이 온갖 세상을 삼켰구나.

빛과 경계 다 잊었거늘,

다시 이 무슨 물건인고.

5. 소와 경허

흥미롭게도 경허의 깨달음과 핵심적 가르침이 잘 담긴 법문들은 "소"와 연결되어 있다. 그를 깨달음으로 이끈 문구는 '콧구멍 없는 소'였고, 그의 유명한 법문은 '진흙 소의 울음'이며, '십우도'에 대한 두 편의 시를 남겼다. '소'는 불교에서 신성한 동물이다. 흰 소가 마야부인의 옆구리로 들어가는 태몽 이후 고타마 싯다르타가 태어났고, 깨달음을 찾아가는 단계를 그린 십우도에서는 소가 내 안의 참된 불성을 상징한다.

진흙 소의 울음에는 경허의 핵심 사상이 가장 잘 요약되어 있다. 우선, 수행자는 순간순간 최선을 다해 수행에 정진해야 한다는 것을 강조한다. 세상의 모든 것은 무상하며, 인간에게 내일이란 보증된 것이 아니기에 게으름을 피워서는 안된다. 또한 다양한 세상일에 대해서 자동적으로, 습관적으로 반응하는 마음을 끊어 세상일로부터 자유로워져야 수행에 집중할 수 있다. 다음으로 모든 것이 마음을 따라 만들어짐을 이야기한다. 불교에서는 인간의 마음의 방향에 따라 선함과 악함, 어리석음과 지혜로움이 결정되고, 그에 따른 과보를 받는다고 본다. 그래서 마음을 어디에 두느냐가 매우 중요하다. 경허는 화두에 집중하여 항상 깨어 있는 마음을 유지하다 보면 어느 순간 참된 나의 모습을 보는 경지에 이를 것이라 이야기한다.

나아가 수행자가 중시하는 실천 수행인 여섯 가지 바라밀에 대해서도 외적으로 지켜야 할 규율이 아닌 마음의 상태와 연결하여 설명하고 있다. "가슴속이 공명(空明)하여 한 물건도 없어 육근(六根)이 텅 빈 자는 이 너그러운 마음이 바로 보시(報施)이며, 이 맑고 깨끗한 마음이 바로 지계(持戒)이며, 이 겸허하고 유연한 마음이 바로 인욕(忍辱)이며, 이 본래 밝음이 항상 드러나 어둡지 않은 것이 바로 정진이며, 이 밝고 고요함이 어지럽지 않은 것이 바로 선정이며, 이 밝고 고요함이 또렷하여 법을 간택하고 공을 관찰하는 것, 본래 스스로 우치(愚痴)하지 않은 것, 모든 법상(法相)을 분별하여 동요하지 않은 것 내지 세상 인연에 수순하여 장애가 없는 것이 바로 지혜이다."

보시란 내 안에 욕심이 없을 때 가능하다. 즉, 내가 옳고, 내가 더 가져야 한다는 욕심을 내려놓을 때 다른 이들에게 베풀 수 있는 것이다. 그래서 자아에 대한 애착이 없는 마음 상태를 보시라고 했다. 계율을 지키는 것은 외적 태도뿐만 아니라 마음가짐도 단정하고 맑게 만들기에 지계이며, 인욕 또한 나에 대한 우월감이 없을 때 가능한 것이다. 힘써 정진하는 것이 아니라 마음의 본래 모습이 그대로 작용하게 하는 것이 정진이고, 마찬가지로 마음이 고요한 상태가 선정이고, 고요한 마음으로 대상과 만났을 때 업이나 습관적 사고에 따라 자동적으로 반응하지 않고, 모든 것을 있는 그대로 보는 것이 지혜이다. 예를 들면, 자라 보고 놀란 이는 솥뚜껑만 보아도 놀라지만, 지혜가 있는 이는 경험으로 형성된 두려움에 얽매이지 않고, 솥뚜껑을 그냥 솥뚜껑으로 보는 것이다. 결국 마음을 좋은 상태로 잘 유지하는 것이 수행의 핵심임을 경허는 잘 설명해 주고 있다.

그가 좋아한 십우도, 또는 심우도(尋牛圖)는 내 안의 불성을 찾아가는 길을 열 개의 단계로 나누어 설명하는 그림이다. 열 단계는 다음과 같다. ① 소를 찾고자 하다(尋牛) → ② 소의 발자국을 보다(見跡) → ③ 소의 모습을 보다(見牛) → ④ 소를 찾았다(得牛) → ⑤ 소를 치다(牧牛) → ⑥ 소를 타고 집으로 돌아가다(騎牛歸家) → ⑦ 소는 잊고 사람만 있다(忘牛存人) → ⑧ 사람과 소를 모두 잊다(人牛俱忘) → ⑨ 근원으로 돌아가다(返本還源) → ⑩ 저잣거리로 돌아가 교화를 하다(入廛垂手). 이에 경허는 ③과 ④를 합치고, ⑨와 ⑩을 합쳐 심우의 단계를 열 단계에서 여덟 단계로 줄이고, 이에 맞추어 제목을 바꾸어 그의 사상을 드러내고 있다.

1. 소를 찾다

가히 우습구나, 소 찾는 이여.

소를 타고서 다시 소를 찾는구나.

볕 비낀 잡초 우거진 길에

소 찾는 일이 실로 아득하기만 하구나.

2. 자취를 보다

원숭이와 새들은 봄이 와서 즐거워하는데

아직 옛길을 오르지 못해서 근심스럽구나.

이 가운데 소의 소식이 있는데

그 발자국은 깊은 숲속으로 향해 있구나.

3. 온전히 드러나다

오랜 세월을 서로 함께하였는데

갑자기 한 곳이 뚫렸구나.

일찍이 듣자니 설산(雪山) 속에

소젖 향기가 만년이나 머물렀다지.

4. 소를 길들이다

풀밭에 놓아 먹인 지 얼마였던가,

실로 고삐를 놓아 버리기 어려웠네.

다행히 오늘에 노력함 있어,

강산을 모두 내가 거두었구나.

5. 자유롭게 집에 돌아오다
동쪽과 서쪽도, 안팎도 없거늘
자유롭게 집을 향해 가노라.
구멍 없는 피리를 부나
소리소리마다 자유롭기는 어렵다.

6. 소는 잊고 사람만 있다
바람 앞에서 등불과 물거품이 다하였는데
무슨 가르침을 다시 구하려 하는가.
장안의 큰길에 말하니
소리 앞에 아직 쉬지 못하였다 한다.

7. 사람과 소를 모두 잊다.
적광토(寂光土)에는 아직 이르지 못했는데
털 방울 하나 더 얻었네.
이 가르침은 별다른 게 없으니
산은 높고 물은 저절로 흐르는구나.

8. 다른 종류 속의 일
털가죽을 쓰고 머리엔 뿔을 이고

등잔불 옆에서 지껄인다.

불조(佛祖)의 지금 육신 밖으로

오랜 세월 저잣거리를 쏘다니네.

설산은 동아시아 불교에서 붓다가 수행해서 깨달음을 얻었다고 알려진 히말라야산이며, 소젖 향기는 붓다가 불성을 깨달았음을, 적광토는 부처님이 머무는 깨달음의 세계, 진리의 세계를 말한다. 불조는 불교의 시조인 석가모니 또는 부처와 조사를 일컫는다. 여기서는 부처와 이전의 선사들인 조사를 말하는 것으로 본다. 경허는 소를 타고 소를 찾는다는 점, 즉 이미 내 안에 있는 불성을 찾고 있는 상황임을 분명하게 지적하며 노래를 시작한다. 내 안에 있는 것을 보는 것이지만, 쉽게 볼 수 없고, 마음이 주는 힌트를 찾아 따라가다 보면 세 번째 단계에서 나의 본래 모습, 불성이 드러난다. 그렇게 불성이 드러났음에도 번뇌 덮인 마음에 대한 나의 내적 불안은 어떻게든 마음의 고삐를 죄려고 하나, 결국은 그 고삐를 놓고 본래 마음에 맡기게 된다. 네 번째 단계에서 본래 마음인 불성에 내맡긴 이후, 다섯 번째 단계에서 마음은 자유롭게 존재의 근원과 하나되나, 아직은 매 순간순간 그것을 유지할 수 없음을, 깨달음의 마음 상태를 유지할 수 없음을 말하고 있다. 그러다 보니, 다시 무언가를 배워서라도 마음 상태를 유지하려는 욕심도 생기는 게 여섯 번째이다. 드디어 일곱 번째 단계에서 그러한 욕심도 내려놓아서 삶의 매 순간이 본래 마음인 불성의 작용으로 이루어진다. 그러나, 홀로 불성을 획득하고 깨달음의 영역에 머무르지 않고, 이제는 다시 소가 되어 사람들 속에서 불교의 가르침을 알려 준다. 그의 솔직한 심우송은 깨달음 이후 수행자들이 겪는 마음의 나약한 모습들을 적나라하게 묘사해 주고 있다. 또한 이는 단지 깨달음의 단계에 대한 설명일 뿐만 아니라 경허의 일생이라고도 할 수 있다. 경허는 동학사에서 깨달음을 얻고도 이를 유지시키기 위해 더 정진하고, 그 이후 사람들을 교화하기 위한 활동을 하였다. 그 모습이 사람들이 기대했던 것처럼 항상 숭고한 형태는 아니라 저잣거리 속 기행들이 많았지만 말이다.

경허는 사라져 가던 조선 선불교의 바람을 다시 일으키고 다시 본래 모습으로 돌아갔다. 그의 기행이 없었다면 과연 사람들은 선불교에 다시 주목하게 되었을까? 그의 기행이 고치지 못한 습관이었는지, 선불교를 중흥시키기 위한 방편적 행동이었는지는 단언하기 어렵다. 다만 임종게를 통해서, 쉽고 평탄한 길과 어렵고 험난한 길, 그 두 선택의 길에서 고민하며 홀로 둥글고자 했던 한 수행자의 고뇌를 느낄 수 있다. 이러한 경허에 대해 세상은 다음과 같이 평가하고 있다.

"훌륭할 때는 부처보다도 훌륭하고 악할 때는 호랑이보다도 악하다."

박한영,
근대 지식인들의 멘토가 되다

지혜경
연세대학교 철학연구소

석전 박한영(石顚 朴漢永, 1870~1948)은 격변하는 구한말에 불교의 전통을 지키며 새로운 것을 수용하여 시대를 살아가기에 힘썼던 인물이다. 한용운이 지사, 백용성이 개혁가였다고 한다면, 박한영은 조용한 교육자이면서 실천가였다고 할 수 있다. 앎과 실천의 균형을 강조하던 불교 내 뛰어난 교학자로 수많은 승려 및 당대의 지식인들과 교류하며 그들의 멘토로서 활동했다. 불교 안팎의 지식인들 수십 명이 그에게서 배웠다. 그 가운데 세상에서 유명한 이들로는 김동리, 모윤숙, 서정주, 이광수, 이능화, 이병기, 정인보, 조지훈, 최남선, 홍명희 등이 있다.

1. 교학 불교의 계승자

그는 1870년 평범한 농부의 아들로 태어나 집은 가난하였지만, 여덟 살 때부터 옆 마을 서당에서 천자문, 사서삼경 등을 배우며, 전통 유학 교육을 받았다. 그가 왜 출가를 결심하게 되었는지는 불확실하다. 일설에는 17세 되던 해에 어머니를 통해 전주 위봉사에서 삶과 죽음에 관한 법문 내용을 전해 들은 후 출가할 마음을 먹었다고 한다. 일찍이 아버지를 여의면서 삶에 대한 고민, 삶의 지향점에 대한 고민도 컸을 것이다. 게다가 그의 청년 시기가 사회적으로도 외세의 침략으로 국내 정세가 혼란스러운 1880년대이다 보니, 사회적 혼란 속에서 개인의 고뇌가 더 컸으리라 짐작해 볼 수 있다. 이때의 심정을 그는 훗날 "떠도는 수초나 나부끼는 나뭇잎처럼 스스로 마음이 어지러웠다"라고 표현하였다.

박한영은 19세에 금산을 스승으로 삼아 전북 완주군 소양면 대흥리 추줄산, 위봉사 내의 암자인 태조암으로 출가한다. 절에 출가를 하면, 일정 정도의 기본 교육 기간을 거친다. 그 기간 동안 절의 기본 예절과 예불에 필요한 기본 경전들을 암송하고 이를 통과하면 사미계를 받는다. 사미는 견습 기간 중인 스님을 말한다. 이후 일정 정도 기간이 지나야 정식 승려, 비구가 된다.

불교에서는 계율을 받고 새로운 이름을 받음으로써 교단의 정식 일원이 된다. 그리스도교에 세례식이 있다면 불교에는 수계식이 있다. 정식 불교도가 되기 위해서는 보살의 다섯 가지 계율을 받아야 한다. 다섯 가지 계율은 살생하지 말 것, 도둑질하지 말 것, 거짓말하지 말 것, 삿된 음욕을 가지지 말 것, 술 마시지 말 것으로 인간 사회에서 기본적으로 지켜야 할 세 가지 원칙과 욕망을 통제할 것을 요구하는 내용으로 구성되어 있다. 이는 그리스도교의 십계명과도 겹치는 부분들이다. 승려가 되기 위해서는 입문자를 위한 사미계와 정식 승려로서 모든 것을 갖추었다는 의미에서 구족계, 두 번의 계를 받는다. 처음에 받는 사미계의 계율은 보살 오계에 다섯 가지 계율이 더 추가된 열 가지이다. 추가된 계율은,

'향수를 바르거나 치장하지 말아라, 노래하며 춤추지 말아라, 넓고 편안한 잠자리를 추구하지 말아라, 때아닌 때에 먹지 말아라, 금은 등을 소유하지 말아라'이다. 추가된 내용은 모두 개인의 기본 욕망 이상을 추구하는 것을 금하고 있다. 먹고 자고 자신을 드러내고, 무언가를 소유하고 싶어 하는 욕망을 절제하기를 요구하는 계율들이다. 이후 비구가 될 때는 250계의 계율을 지키기를 서약한다. 비구니는 이보다 좀 더 많은 348계를 지켜야 한다.

박한영은 출가하면서 정호라는 이름을 받았다. 이름은 개인의 정체성을 규정하는 데 있어서 중요한 역할을 하기 때문에 새로운 이름을 받는다는 것은 새롭게 태어남을 의미한다. 보통 스님들에게는 세 개의 이름이 있다. 세상에서 불리던 이름, 출가해서 사미계와 함께 받은 이름, 정식 승려가 되는 구족계를 받을 때 받는 이름이다. 박한영의 이름 한영은 세속의 이름이고, 정호는 사미 시절, 영호는 구족계를 받을 때 함께 받은 이름이다. 보통은 이렇게 세 개인데, 박한영의 경우는 석전이라는 이름이 하나 더 있다. 여기에는 추사 김정희와 백파의 숨겨진 일화가 있다.

질마재 마을의 절간 선운사의 중 백파한테 그의 친구 추사 김정희가 만년의 어느 날 찾아들었습니다.

종이쪽지에 적어온 '돌이마(石顚)'란 아호 하나를 백파에게 주면서.

"누구 주고 싶은 사람 있거든 주라"고 했습니다.

그러나, 백파는 그의 생전 그것을 아무에게도 주지 않고 아껴 혼자 지니고 있다가 이승을 뜰 때, "이것은 추사가 내게 맡겨 전하는 것이니

후세가 임자를 찾아서 주라"는 유언으로 감싸서 남겨 놓았습니다.

그것이 이조가 끝나도록 절간 서랍 속에서 묵어 오다가, 딱한 일본 식민지 시절에 박한영이라는 중을 만나 비로소 전해졌는데, 석전 박한영은 그 아호를 받은 뒤에 30년간이나 이 나라 불교의 대종정 스님이 되었고, 또 불교의 한일 합병도 영 못하게 막아 냈습니다.

지금도 선운사 입구에 가면 보이는 추사가 글을 지어 쓴 백파의 비석에는 '대기대용(大機大用)'이라는 말이 큼직하게 새겨져 있습니다. 추사가 준 아호 '석전'을 백파가 생전에 누구에게도 주지 않고, 이 겨레의 미래 영원에다 가만히 유언으로 싸서 전하는 것을 알고 추사도 "야! 단수 참 높구나!" 탄복한 것이겠지요.
　　　　　　　　　　　　　　　　　　　　　　　　　　　　ー「추사와 백파와 석전」

이는 박한영이 아끼던 제자 중의 한 명이었던 미당 서정주가 재구성한 「추사와 백파와 석전」이라는 글이다. 석전이라는 이름은 아주 오래전 추사가 백파에게 불교의 진리를 깨달은 훌륭한 인물이 나오면 전해 주라한 세 가지 이름, 만암·석전·다륜 중의 하나로, 남도 지역의 불교에서 역사적으로 내려오는 이름을 박한영이 받은 것이다. 석전의 의미는 사실 돌이마, 돌대가리이다. 이러한 의미 때문에, 추사가 남긴 이름이 백파를 놀리기 위해 준 이름이라는 설도 있다. 정호·영호·석전·한영, 이렇게 네 개의 이름 가운데 두 개를 꼽아 석전 박한영이라고 부른다.

남도 지역 불교에 전설처럼 내려오는 이름을 받은 사실에서 알 수 있듯이, 박한영은 남도 불교의 교학 전통을 온전히 흡수하였다. 비록 출가는 금산에게서 했지만, 이후 공부는 남도의 유명한 학승이 있는 곳에 찾아가 배웠다. 불교 공부는 크게 경전 공부와 선 공부가 있다. 한국의 조계종이 선불교라고 하여 참선만을 중시하는 것처럼 알려져 있지만, 많은 스님이 경전 공부를 한다. 전통적 불교 교육은 사미과(沙彌科), 사집과(四集科), 사교과(四敎科), 대교과(大敎科), 수의과(隨意科)로 구성되는데, 각각의 과정은 사회에서의 초등학교, 중학교, 고등학교, 대학교, 대학원 과정이라고 할 수 있다. 이후 자신이 속한 전통과 관심사에 따라서 기본 과정 이후에 경전 공부를 더 하는 스님이 있고, 참선을 더 열심히 하는 스님이 있다. 박한영과 동시대를 살았던 만암은 참선으로 뛰어났던 반면, 박한영은 경전 공부에 집중했다. 그렇다고 해서 박한영이 선 수행을 소홀히 한 것은 아니었다. 1892년 안변 석왕사에서 첫 하안거를 실시한 뒤로 1906년까지 매번 하안거를 하였고, 평소에도 선 수행을 하였다. 안거(安居)란 불교에서 여름과 겨울, 각각 3개월씩 한곳에 모여 집중적으로 선 수행을 하는 것을 말한다. 안거는 인도의 우기(雨期) 때 승려들의 안전을 위해 외출을 삼갔던 것에서 유래한다.

사미계를 받고 나서 모악산 수왕사에서 사미과와 사집과에 해당하는 기본 경전들을 공부하고, 백양사 운문암의 환응에게서 사교과에 해당하는 경전들인 『능엄경』·『대승기신론』·『금강경』·『반야심경』·『원각경』을, 선암사 경운에게서 대교과 경전인 『화엄경』·『전등록』 등을 배웠다. 구암사 설유에게서 『화엄경』, 선의 공안을 모아 놓은 『선문염송』, 그리고 계율을 담은 율장을 좀 더 깊이 있게 공부하였다. 설유에게 법통을 이어받으면서 석전이라는 이름도 받았으며, 화엄의 종주(宗主)라 불리게 되었다.

박한영의 세계관의 바탕이 되는 화엄 사상은 한국 교학 불교의 사상적 토대라 할 수 있다. 화엄 사상의 핵심적 가르침은 법계연기(法界緣起)라고 한다. 법(法)이란 인식 대상인 현상을 말하고, 법계란 인식 대상들의 세계를 말하기 때문에 모든 존재 세계를 말한다. 이는 모든 존재하는 것들은 서로 연결되어 의존적으로 존재하며, 시공간 속에서 서로 원인이 되기도 하고 결과가 되기도 한다는 의미이다. 각각의 존재들은 복잡한 그물망처럼 연결되어 서로 영향을 주고받으며 산다. 하나의 꽃이 필 때까지 태양과 물과 구름과 바람과 수없이 많은 것들이 영향을 준다. 길을 가던 이들이 꽃 피기 직전의 민들레를 짓밟지 않았기에, 한 송이 민들레는 필 수 있다. 그렇게 피어나는 민들레에는 그동안의 모든 영향이 고스란히 담겨 있다. "한 송이 꽃이 피기 위해 밤마다 소쩍새가 우는 것"이 가능한 것이 화엄의 세계관이다. 그렇게 핀 꽃 안에는 그동안의 시간과 노력과 에너지가 가득 담겨 있다. 전 우주가 담기게 된다. 그렇게 핀 꽃은 꿀벌을 비롯한 주변의 존재들에게 또 영향을 미친다. 이처럼 모든 존재가 서로 연결되며 세상은 하나로 굴러간다. 화엄경은 하나의 존재 속에서 과거와 현재와 미래를, 이곳과 저곳을 한꺼번에 다 본다. 그 안에서는 원인은 결과가 되고, 결과는 원인이 되며 서로 꼬리를 물며 순환한다. 화엄의 시선에서 보면 이 세상은 작은 먼지 하나하나가 소중한 우주 전체이며, 지금이 순간이 바로 영겁이다. 이를 달리 말해, "하나의 티끌 속에 전 우주가 들어 있다"라고 한다.

각각의 존재들이 서로 연결되어 하나의 전체로 굴러가는 유기적 모습을 화엄에서는 원융(圓融), 즉 온전히 서로 융합하여 하나가 된 모습이라고 한다. 원래 세상은 서로 연결된 원융의 세계인데, 인간의 분별심은 이것과 저것을 분리하고, 분석해서 보기 때문에 원래 원융한 세상을 있는 그대로 보지 못하고 서로 다투고 고통스러운 삶을 살게 된다. 화엄종에서는 각각의 사람의 수준에 따라 보게 되는 세상의 모습을 네 가지로 나누어서 말한다. 첫 번째가 사법계(事法界)이다. 사법계란 모든 것의 차이점에 초점을 맞추어 보았을 때 보이는 세계이다. 나와 철수는 다른 사람이고, 나와 강아지 메리는 다른 존재이다. 철쭉과 진달래는 다르다. 원래는 그냥 다를 뿐인데, 인간은 그 사이에 우열을 가린다. '나는 강아지 메리보다 지능이 뛰어나기 때문에 나는 메리보다 우월한 존재이다'라는 생각이, 다른 존재와 나 사이의 차별을 낳는다. 그래서 사법계적 관점에서는 세상의 존재들을 분리되고 차별적인 존재들로 본다. 이법계(理法界)는 공통점에 초점을 맞추어 보았을 때 보이는 세상이다. 나와 철수는 그래도 사람이고, 나와 강아지 메리는 같은 동물이고, 철쭉과 진달래는 같은 식물이다. 이 관점에서 보면 모든 것은 같고 평등하다. 다음 단계는 차이점과 공통점을 함께 보는 세계로 이사무애법계(理事無礙法界)이다. 이 관점에서는 철쭉과 진달래를 볼 때 식물이라는 공통점과 다르다는 점을 함께 본다. 나와 철수는 같은 사람이지만, 다른 존재라는 것도 함께 볼 수 있다. 이보다 한 단계 위의 관점은 사물 하나하나에서 그 자체의 고유성과 모든 존재의 연결성을 한 번에 보는 것, 사사무애법계(事事無礙法界)이다. 태평양 나비의 날갯짓에서 중국의 태풍을 읽을 수 있고, 꽃 한 송이에서 전 우주가 연결된 모습을 볼 수 있다. 이 관점에서는 모든 것이 서로 연결되어 있다. 이렇게 모든 존재가 서로 연결된 모습을 『화엄경』에서는 인드라 망의 비유로 설명한다. 인드라라는 불교의 수호신은 그물코에 구슬이 달린 아름다운 그물을 가지고 있다. 각각의 그물코마다 달린 구슬들은 영롱하게 빛나며 서로서로에게 비추어지고, 또 서로서로 비춘다. 이를 화엄에서는 서로 마주하고 서로 간섭하는 것이라고 말한다[상즉상입(相卽相入)]. 이렇게 모든 존재하는 것들이 자신의 모습 그대로 존재하면서도 여러 우주를 비추어 담는 것이 화엄에서 말하는 연꽃으로 거창하게 꾸민 세상이며, 원융의 세계이다. 이 원융의 세계는 궁극적 깨달음의 세계로, 박한영은 당시의 전통과 서구 사상이 함께 만들어 가는 세상이 이러한 원융 세계가 되어 전통과 서구 사상을 조화롭게 사용할 수 있기를 바랐다.

내 어리석은 생각으로는 오랜 옛적부터 미증유한 이치의 본성이 융통함을 투철히 깨달으신 초지의 불사의한 장엄하게 장식된 해탈 경계는 세존의 깨달으신 바의 이상적인 대언론이요, 중생을 교화하는 선방편일 뿐이지 일체 모든 존재들의 바다의 완벽한 모습만은 숨어 드러나지 않은 것이다. 구경화엄법계의 목적에 도달할 시절인연은, 즉 세계해의 낱낱의 인문과 낱낱의 인지와 사회 질서를 어떠한 종교, 어떠한 철학, 어떠한 과학적 갖가지 방면으로 훈도하고 괄마하여 도태하며 계적한 결과로서, 항상 능히 이채로움을 각각 널리 놓아, 그지없고 밝고 빛나서 두루 통달한 참된 경계를 좌우 어디에서나 만나게 되는 그 날이다. 여기에서 구경화엄과 최초화엄이 같은가, 같지 않은가? 이런 까닭에 불교는 과거 현재의 불교가 아니요, 미래의 불교라고 한다.

―『조선불교월보』

비록 붓다가 기존 경전에서 깨달음을 얻고 그 세계에 대해 말했지만, 당시는 아직은 온전히 원융된 세계를 다 보여 주지 않은, 단지 중생을 위해 방편적으로 설한 내용이라고 박한영은 말한다. 그는 부처가 보여 주려고 했던 진실된 세계란 철학, 종교, 과학으로 파헤쳐, 그 결과, 다양한 생각들이 자유롭게 교류할 수 있는 세계임을 강조하며 현시대가 궁극의 화엄의 세계가 구현될 수 있는 시대라 한다. 그래서 이러한 시대를 구현하기 위해, 그는 동서 사상을 막론하고 모두 공부하여 원융적 시각에서 세상을 조망하고 다양한 학문들을 하나로 통합하고자 했다.

2. 교육자 박한영

불교 근대 교육에 있어서 박한영의 기여도는 다른 이와 견줄 수 없다. 불교 승려로서의 공부를 마친 후, 1896년부터 박한영은 구암사, 대원사, 백양사, 대흥사, 해인사, 법주사, 화엄사, 석왕사, 범어사에서 불교의 경전, 논서, 율장을 강의하였다. 처음에는 전통적인 교육 기관에서 불교 경전을 가르치는 교육만을 실시했으나, 이후, 전통만 고집하지 않고, 현대적 교육 체계와 내용에 대해서도 관심을 가지고 신구겸학의 교육 기관에서 활동하며 학생들을 가르쳤다. 조선의 뛰어난 불교 강사로서 그는 1914년 동국대학교의 전신인 중앙고등불교강숙에서 숙장을 맡았으며, 1915년부터 중앙학림에서 강의를 하고, 3·1 운동 직후 학장직을 맡았다. 고등불교강숙은 승려들을 대상으로 앞서 말한 사집과부터 수의과까지의 기본 교육을 실시했는데, 학생들이 한용운이 주도한 불교동맹회에 참여했다는 것이 빌미가 되어 그해 8월에 폐쇄되었다. 중앙학림 또한 불교 승려들을 위한 교육 기관으로 이곳에서는 전통적 불교 경전 공부뿐만 아니라, 현대적 학문도 함께 가르쳤다. 종교학, 동양 철학, 포교법, 수학, 지리, 역사 등을 가르쳤다. 1922년 학장직에서 내려온 후 박한영은 또 다른 방식의 교육을 시작한다.

박한영의 교육자로서 삶의 여정에서 가장 눈에 띄는 것은 개운사 대원암 불교전문강원을 연 것이다. 1926년 시작된 강학 모임은 승려뿐만 아니라 일반인에게도 개방되어 당시의 많은 지식인이 함께하였다. 당시에 모여서 함께한 이들로 정인보, 김동리, 이봉구, 신석정, 서정주, 이종익, 최남선, 홍명희 등이 있었으며, 한국 신앙과 사상에 관심을 가지고 『조선유학대관』·『이조불교』를 쓴 일본 학자 다카하시 도루[高橋亨], 조동종 승려이며 『조선선교사』를 쓴 누카리야 가이텐[忽滑谷快天]도 참여하였다. 강학의 교육 방식은 전통적 방식을 따랐다. 참가자 중에서 제비를 뽑아 발표자와 토론자를 정하여, 발표자가 그날 공부할 부분을 읽고 의미를 설명하고 질문을 하면 토론자가 답변을 하면서 발표자와 토론을 하는 방식이었다. 그러한 토론 과정에서 결론이 나지 않으면 박한영이 주로 이전 스님들의 학설과 의견을 소개하며 마무리 지었다고 한다. 거기에 모인 이들은 따로 독서 동아리 활동도 하며 다양한 사회과학 서적들과 철학 책, 마르크스의 『자본론』, 포이어바흐, 칸트, 루소의 책 등을 읽었다.

당시 박한영과 깊은 인연을 맺었던 지식인들이 많았는데, 그중에 서정주는 유독 특별하다. 미당 서정주는 젊은 시절 방황의 시간을 겪었고,

박한영을 만나 길을 찾았다. 1933년 만 열홉 살이었던 해에 친구의 소개로 스님을 만나 머리를 깎고 '소년 거사'로 개운사 대원암에 머물며 불교 공부를 했다. 그때의 스님과의 만남에 대하여 그는 다음과 같은 시를 남겼다.

내가 넝마주이를 한 사실 하나 때문에
나를 하눌에서 온 신선(神仙) 친구나 되는 것처럼
함박꽃 웃음으로 맞이해 주시던
꼭 초등학교 동기만 같던 박한영 스님.
자네가 그래 정말 그런 짓도 해 봤단 말이여?
도골(道骨)이군. 도골이군. 잘해 본 일이여.
거름, 그것은 해 보았으니깐
이제부턴 나하고 같이 공부나 해 보세!
낄낄낄낄낄낄! 잘 왔어! 잘 왔어!
딴 데로 가지 말고 공부나 같이해 보아!
하시면서 내 손 잡던 박한영 스님.
그래 이 하눌 밑에서는 단 하나뿐인
새벽 노고지리의 치솟는 웃음소리만 같던
그 웃음 따라 나는 그 곁에 머물렀다.

— 「석전 박한영 대종사 곁에서 1」

이 시에는 서정주의 박한영에 대한 애정이 담뿍 느껴진다. 서정주는 거지들 사이에서 넝마를 줍는 일을 한 적이 있다. 톨스토이를 읽고 휴머니즘을 실천하기 위해 그 일을 해야겠다고 생각했다 한다. 당시에 거지가 아닌 사람이 넝마를 줍는 일을 하다 보니 '이상한 넝마주이'로 소문이 났고, 이것이 박한영과의 만남으로 이어졌다고 한다. 보통은 그런 기행을 하는 이를 꺼리게 마련이지만, 박한영은 서정주의 기행에도 불구하고 그 안에서 영민함을 읽고 인정해 주며, 공부하자고 제안하였다. 이런 박한영의 이끌림에 서정주는 불교를 공부하게 된다. 만약 박한영을 만나지 못했다면 서정주는 어떠한 삶을 살았을까? 길을 잃고 방황하는 인재를 알아보고 끌어낸 박한영은 천상 교육자라 할 수 있다.

서정주는 이로써 불교에 기반한 자신의 시적 세계를 만들었다. 그의 유명한 시인 「국화 옆에서」의 첫 두 연은 불교의 연기설, 나아가 화엄적 세계관의 극치라 할 수 있다. 한 송이 국화꽃을 피우기 위해 봄부터 소쩍새가 울고, 천둥이 울었다는 표현은 한 존재가 존재하는 데에 직접적 연관성이 없어 보이는 현상들이 연결되어 작용하는 화엄의 원융적 세계를 시적으로 아름답게 보여 준다. 만약 박한영과의 인연이 없었다면, 서정주가 이런 글을 남길 수 있었을까. 서정주 외에도 조지훈, 작가 조정래의 아버지인 조종현, 정지용 같은 시인들도 박한영과 함께했다.

당시 개운사 대원암 강원은 문학, 역사, 철학에 관심이 많은 이들이 함께 모여 조선심(朝鮮心), 조선 정신, 조선인들의 민족적 자아를 찾고자 했던 곳이었다. 그 중심에는 박한영이 있었으며, 그는 이를 위해 뜻을 같이하는 이들과 국토 기행을 하며 조선의 민족혼이 무엇인가를 직접 체험하는 시간도 만들었다. 전국의 명산과 사찰들, 역사적 유적지들을 돌며 한국의 국토에 대한 아름다운 시를 남겼으며, 함께했던 최남선, 이광수 또한 이에 대한 기행문을 남기며 민족 의식을 고취하고자 하였다. 이는 나라를 잃어버려 몸은 없지만, 그 정신을 지키고자 한 당시 지식인들의 또 다른 방식의 저항 운동, 민족주의 운동이었다고 할 수 있다.

박한영은 불교 계율을 엄격히 지키면서 교육자로서 모범적인 삶을 보였다. 매일 규칙적으로 새벽 3시에 일어나 한 시간 명상을 한 뒤 개운사 강학 모임을 하고, 오후에는 중앙불교전문학교로 걸어서 출근하여 강의를 하거나 독서, 집필을 하고 취침 전 한 시간씩 명상을 하고 10시에 잠자리에 들었다. 사람은 자신이 하는 일에 따라서 자신의 삶을 만들고 규정하게 된다. 직업이나 직함에 달려 있는 것이 아니라 주어진 하루의 시간을 어떻게 사용하느냐에 따라 이루어지는 것이다. 어떤 일을 하든 그 일을 중심으로 자신의 에너지를 집중할 때 그 분야에서의 자기 위치를 가질 수 있다. 박한영의 단순하지만 집중된 일상은 학자이자 교육자로서 명성을 가질 수밖에 없었던 이유를 가늠케 한다.

3. 실천가로서의 박한영

박한영은 수행보다 경전 공부에 집중한 학승이었지만, 무엇보다도 지혜와 실천의 균형을 강조하였다. 지금도 그렇지만, 한국의 선불교는 깨달음에 초점을 맞추는 나머지, 깨달음 이후의 실천에 대한 관심이 적다. 박한영은 수행을 통해 깨달음을 얻는 지혜의 추구뿐만 아니라, 삶 속에서의 구체적 실천도 중요함을 강조하고, 깨달음과 실천의 합일이라는 측면에서 선불교를 비판적으로 바라본다. 이러한 관점은 선불교의 교리적 문제에 대한 구체적 해석 하나하나에 대한 비판에서 드러난다.

예를 들어 당시 문제가 되던 『육조단경』의 주장들인 '본래 아무것도 없다(本來無一物)'와 '불성은 항상 깨끗하다(佛性常淸淨)'의 가르침의 경우, 본래 무일물이 후대에 추가되고 변형된 가르침이라고 비판한다. 『육조단경』은 선불교의 여섯 번째 조사인 육조 혜능의 일생과 그의 가르침이 담긴 책이다. 육조 혜능은 선불교의 전설적 인물로, 이전의 선불교 전통과 달리 단박에 깨달음을 강조했다. 이 과정에서 존재의 본래 모습에 대한 두 가지 주장이 문제로 서로 모순되게 된다. 존재란 본래 아무것도 없는 텅 빈 것이라 할 경우, 깨달음을 얻으면 그것으로 세상에 대한 실천은 의미가 없게 된다. 본래 아무것도 없는데 무슨 실천이 필요할 것인가? 반면 항상 깨끗한 불성이 본래 모습인 경우, 깨달음을 얻는 순간 여러 존재 속에서 깨끗한 불성이 꽃피우게 도와줄 다양한 실천들이 필요하게 된다. 박한영이 이 구절을 비판한 이유는 바로 이 때문이다. 깨달음과 실천을 동시에 중시했던 그의 입장에서는 실천을 경시하는 돈오적 입장이 논리적으로 말이 될 수 없다 생각했던 것이다.

이 외에도 박한영은 선불교가 가지고 있는 교리적 문제에 대해서도 합리적이고 논리적으로 접근한다. 예를 들어 불립문자의 가르침에 대해서, 불립문자라고 했지만, 달마나 육조 혜능 모두 글을 남긴 것으로 볼 때, 불립문자라는 주장은 후대인들의 추가한 의견이라는 견해를 폈다. 사실적 근거에 기반하여, 선불교의 불립문자 주장과 현실에 존재하는 많은 선어록 간의 내적 모순을 지적한 것이다. 이 외에도 부처님의 깨달음(여래선)과 조사의 깨달음(조사선)을 비교하며 조사의 깨달음에 우월성을 부여하는 전통도 경전적 근거와 추론을 통해 비판한다. 또한 선불교에서 육조 혜능의 제자로 알려진 하택신회에 대한 논란에 대해서도 경전적 증거를 통해 그 존재의 사실성을 검토하고자 했다.

그의 지혜와 실천의 균형을 잡고자 했던 태도는 선불교를 비판할 때만 사용된 것이 아니라, 실제로 그의 삶 속에서 그대로 드러난다. 자신이 공부하고 참선하여 깨달은 지혜를 조선의 불교를 지키고 개혁하는 데에 쓰면서 지혜와 실천의 균형을 잡고자 했다.

독립 운동가라고 말하기는 어렵지만, 박한영은 조선 불교를 일본으로부터 지키고 조선의 정신을 지키려는 의지가 강했다. 조선 불교를 일본 불교와 통합하려는 시도가 있었을 때 그는 적극적으로 반대 의견을 표명했다. 구한말 조선 불교는 오랜 조선 시대의 탄압으로 인해 아사 상태라고 부를 정도로, 경제적으로도 문화적으로도 피폐되어 있었다. 그래서 일본 불교가 조선에 들어와 승려의 도성 출입 금지령을 해제하고 여러 가지 지원해 준 것이 많은 도움이 되었다. 일본의 정토종은 서울에 근대적 불교 교육 기관인 명진학교를 설립하는 데에도 지원을 아끼지 않았다. 그러다 보니, 일본 불교와의 통합을 원하는 승려들이 존재하였으며, 1910년 국권 피탈과 함께 대한 불교 원종의 종정이던 이회광이 일본 조동종과 조선 불교를 하나로 통합하는 연합 조약을 체결하였다. 이에 박한영은 한용운 등과 함께 이를 비판하고 임제종을 세웠다. 비록 사찰령으로 인해서 원종과 임제종 모두 해체되긴 했으나, 조선 불교의 정체성을 지키고자 했던 스님의 강한 의지를 살펴볼 수 있는 사건이라 할 수 있다. 일제의 사찰령은 조선의 사찰을 30개의 중심 사찰(본사)과 주변부 사찰(말사)로 나누고 30개의 중심 사찰의 주지를 총독부가 임명하고, 주지에게 강한 권한을 주는 것이었다. 세부 세칙에는 승려의 주지 비난이나 정치적 발언은 승려의 자격을 박탈할 정도로 강력한 통제 규율이 있었다. 당연히 박한영은 이러한 사찰령을 폐지할 것을 주장하는 건백서를 총독부에 제출하였다. 자신의 자리에서 할 수 있는 항의를 하며 조선 불교를 지키고자 했다.

이처럼 한편으로는 외적 위험으로부터 조선 불교를 지키고자 했으며, 또 다른 한편으로는 조선 불교의 문제를 해결하여 기독교와 경쟁 속에서 살아남고 당시인들에게 맞는 종교로 거듭나게 하고자 하였다. 이러한 문제 의식을 가지고 1908년, 박한영은 서울로 올라와 한용운, 경호와 불교 개혁 활동을 위해 뜻을 모았다. 박한영은 불교의 근원적 문제 해결을 위해 당시 불교인들의 마음가짐을 버리고 변화할 것을 요구하였다. 「불교 강사와 정문금침(頂門金針)」이라는 논설에서 그는 불교인들의 다섯 가지의 정신적 타락을 지적한다. 그 다섯 가지는 공고(貢高), 나산(懶散), 위아(爲我), 간린(慳吝), 장졸(藏拙)이다.

공고란 자만심이다. 불교인들이 자만심을 갖게 된 이유를 박한영은 서로 간에 비판을 주고받지 못해서 각자 자신의 견해에 갇혀 버리고 지혜가 열리지 않았기 때문이라고 한다. 비판과 토론이 없다 보니 자신의 좁은 견해에 갇혀 우물 안의 개구리처럼 자신의 학식의 부족함을 알지 못해 마치 자신이 모든 것을 아는 것처럼 생각하고 있다는 것이다. 그러다 보니 새로운 문명을 수용하는 데 적극적이지 못해 더더욱 자신만의 성에 갇혀 자기만족으로 위안을 삼게 된다. 박한영은 이러한 마음가짐을 버리지 못하고는 불교를 발전시킬 수 없다고 강력히 비난한다. 그래서 불교인들은 자신의 앎이 얕을 수 있음을 인정하고 마음을 비워서 지혜와 역량을 키워야 한다고 주장한다.

나산이란 일종의 게으름이다. 타성에 젖어 경전에 대한 얕은 이해에만 의지하고, 목적도 없이 그냥 흐르는 대로 모든 것을 그냥 내버려 두고 바라보기만 하는 행위이다. 보통 깨달음의 상태를 잘못 이해하면 모든 것을 좋은 게 좋은 것으로 보고 적극적으로 개입하는 것을 부정적으로 보게 된다. 박한영은 이렇게 소극적인 태도를 버리고, 보다 적극적이고 목표를 이루기 위해 활발히 움직일 것을 주장한다.

위아는 독선과 겸손과 사양함이 없는 것을 말한다. 불교의 가르침 가운데 또 잘못 이해하기 쉬운 것이 "하늘 위나 하늘 아래 나만 홀로 존귀하다(천상천하, 유아독존)"라는 말이다. 『보요경』에서 부처의 태어남을 서술할 때, 부처가 태어나서 동서남북으로 각각 일곱 걸음씩 걸은 후 한 손은 위를 한 손은 아래를 가리키며 위와 같은 말을 했다고 한다. 그러다 보니 이를 자기중심적인 것으로 해석하는 오류들이 생길 수 있다. 박한영은 위아주의는 바로 이 구절에 대한 오해에서 시작된 것이기에 이기심을 버리고 타인을 이롭게 하는 삶의 태도를 가져야 한다고 이야기한다.

간린은 인색함이다. 인색함이란 돈과 이익을 추구하다 보면 생기는 것이다. 인색함은 단지 재물뿐만 아니라 생각에 있어서의 폭넓지 않은 태도도 의미한다. 사리분별을 할 때 자신의 이익에 따라 생각하기에, 시시비비와 공적인 것, 사적인 것을 구분하지 못하게 되는 것이다. 그래서 간린의 마음을 버리기 위해서는 자신의 이익을 추구하는 마음을 기쁘게 버려야 한다고 주장한다.

장졸은 자신의 부족함을 숨기려는 태도를 말한다. 이러한 태도는 개개인의 성장을 막는다. 부족함을 인정할 때, 자신의 부족함을 성찰하게 되고, 그렇게 해서 더 나은 사람이 되어 가는 것이다. 자신의 부족함을 숨기려는 태도는 제일 먼저 살펴본 공고와 연결된다. 자신이 잘났다는 생각은 질문을 하는 것을 부끄럽게 여기게 해서 더 성장할 수 있는 기회를 차단한다. 그래서 박한영은 자꾸 묻고 성장을 위해 노력할 것을 이야기한다.

다섯 가지로 나누어 이야기했지만, 이 모든 것은 새로운 것을 배우는 것을 거부하고 기존의 앎에 안주하려는 태도를 비판하고 있다. 전통적 앎의 효용성이 떨어진 변화의 시대에 기존의 앎을 고수하는 이들에 대한 박한영의 비판은 박한영이 지향하는 바를 드러내고 있다. 그는 불교 청년을 교육함에 있어서 "다만 근원적 진리의 바다에서 노닐면서, 세상의 진리에도 어둡지 않아서 옛것과 지금의 것을 절충하여 현재에 맞게 응용하여, 고통의 세상을 벗어나게 해 준다는 한마디 말에 천착하지 않게 해야 한다"라고 말한다. 아무리 지식이 있어도 현실에 적용할 수 있어야 하며, 변화하는 세상 속에서 새로운 지식을 흡수하며 지금의 문제를 해결할 수 있어야 한다. 불교의 가르침이 아무리 뛰어나다고 해도 이를 비판적으로 검토하고 수용해야 한다는 태도를 견지하고 있다. 박한영이 제시한 마음가짐의 변화는 현재의 삶을 살아가는 우리에게도 시사하는 바가 크다.

이러한 마음가짐의 개혁에서 시작하여, 불교 승려로서 박한영은 불교 개혁에 있어서의 계율과 대중의 눈높이에 맞는 포교의 중요성을 강조했다. 그는 당시 한국 불교의 가장 큰 문제점 가운데 하나를 무애행으로 보았다. 무애행이란 걸림이 없는 행동이라는 의미로 깨달음을 얻어 사회적 틀이나 편견에 얽매이지 않는 자유로운 삶의 방식을 말한다. 무애행은 계율이 있으되 계율에 얽매이지 않는 자유로움을 이야기하기 때문에 비윤리의 문제와 연결되기 쉽다. 당시에 선불교는 경허가 다시 무애행의 선풍을 일으키면서 이 문제가 표면으로 부각되기 시작하고 있었다. 이에 대해 박한영은 『선문염송』의 위산 영우와 양산 혜적의 대화를 인용하며 이를 비판하였다.

일찍이 위산이 양산에게 '자네의 안목이 바른 것을 귀히 여기는 것이지, 자네의 행위에 대해 말하지 않는다'는 것이 와전된 것이다. 즉, '행위에 대해 말하지 않는다(不說行履)'가 와전되어 '행위를 중시하지 않는다(不貴行履)'로 와전되어, 살인, 도둑질, 음란한 행동, 삿된 행동의 네 가지 바라이죄가 무애행으로 자행되었다. '깨달음의 안목이 중요한 것이지 그 행위가 중요한 것이 아니다'라고 되었을 때, 어디 계율을 지키는 정신이 살 수 있게 되는가. 말하지 않는 것이 중시하지 않는다로 된 것은 큰 잘못이다.　　　　　　　　　　　　　　　－『석전수필』

깨달은 자의 행위에 대해 말을 하지 않는 것은 그가 한 행동에 대해 세속적 잣대로 판단하지 않는다는 것이다. 이는 깨달은 자는 지혜로운 자이기 때문에 그의 행위는 일반인의 잣대로 판단할 수 없는, 전체를 조망하여 나오는 행위일 것이라는 신뢰가 있기 때문이다. 정형적 틀을 벗어난 예기치 못한 행동이 때론 사람들에게 많은 것을 알게 해 주는 경우가 있을 수 있기 때문이다. 예를 들어 임제종 전통에서는 대화를 하다가 소리를 지르거나 몽둥이로 사람을 때리는 경우가 있는데, 이러한 행위가 대화 상대자의 깨달음을 도와준다. 이런 맥락에서 사람들은 선사들, 깨달은 자의 행위에 대해서 평가하지 않는다. 그렇다고 이들의 행위에 대한 판단 유보가 살인, 도둑질, 음란한 행위 같은 비윤리적 행위를 허용하고 합리화하는 데에 사용되어서는 안 된다. 그래서 말하지 않는다고 해서 중시하지 않는다로 이해해서는 안 된다고 이야기하는 것이다. 참으로 깨달은 이의 무애행은 사람들을 깨달음으로 이끌기 위한 방편으로 사용되는 것이지만, 그렇지 않은 이들의 무애행은 무애행이 아니라 자신들의 일탈을 합리화하기 위해 사용되고 있기 때문이다. 박한영은 바로 이 문제를 지적하며 계율을 엄격히 지킬 것을 강조하였다.

물론 자신의 삶 속에서도 계율을 엄격히 지켰다. 성낙훈이 지은 박한영에 대한 비문에는 "스님은 계행이 엄정하고, 시주를 받지 아니하였으며 노래와 색(色)을 도외시하였으니 「청량국사전」에서 '비구니 사찰의 티끌도 밟지 아니하고 고향 땅에 옆구리를 붙이지 않았다' 함은 곧 스님을 이름이로다"라고 하였다.

1926년 박한영은 자신의 삶을 넘어서 전체 불교계의 쇄신을 위해 승려들의 교육을 위한 교재인 『계학약전』을 편찬하였다. 당시 가장 문제

되었던 것 중의 하나가 대처 제도, 승려의 결혼 문제였다. 조선 불교는 원칙적으로 승려 독신 제도를 유지해 왔으나 일제 강점기 때 승려의 결혼을 허락하면서 많은 승려가 대처승이 되었다. 대처승이 많아지면서 사찰은 수행하는 공간이라기보다는 스님들의 살림집으로 전락하였고, 승려들의 관심은 수행보다는 가정을 돌보는 데 쏟아질 수밖에 없었다. 이런 상황 속에서 박한영은 이를 승려 교육을 통해 해결하고자 했다. 그는 대처식육(帶妻食肉)에 대해서 강경한 입장을 가지고 있었는데, 한용운이 대처식육을 찬성하는 입장을 취하자, 한용운에게 "지옥이란 곳이 있다면 너 같은 놈이 들어가야 할 곳이다. 승려 가취론 때문에 조선 중 다 망쳐 놓은 놈이니…"라고 호통쳤다는 일화는 유명하다.

불교 개혁과 불교의 생존을 위해 그가 제시한 것은 대중의 눈높이에 맞는 포교이다. 포교라는 개념은 근대에 새롭게 등장했다. 기독교가 들어오기 전에 불교는 이미 기성 종교로 자리매김했기 때문에 포교를 할 필요가 없었으나 기독교의 등장과 새로운 종교 질서의 재편에 의해 포교가 중요해졌다. 박한영은 과거의 관습 속에서 새롭게 변화하기를 꺼려하지 말고, 시대 변화에 맞는 교리의 전파와 방식, 대상을 바꾸어야 한다고 주장한다. 기존에는 부녀자들과 영혼의 세계를 위한 설교였다면, 지식인들을 대상으로 논리학을 참고하고, 당시의 과학, 철학, 사회학, 문학 등을 접목시켜 불교 교리를 설명해야 한다고 주장했다. 예를 들어 정토, 불교적 낙원에 대한 가르침을 이야기할 때도, 이전에는 염불을 외면 정토에 태어날 수 있다고 했다면, 스스로의 영성의 계발을 통해 정토에 태어날 수 있다고 가르쳐야 한다는 것이다.

그는 불교의 가르침 가운데에서 당시에 중점적으로 가르쳐야 할 내용으로 해탈문과 이타법을 꼽았다. "인문학이 아직 발달하지 않았던 먼 옛날에는, 사람들의 지식이 비천하여 모든 종교가 복리를 추구하는 가르침과 소승의 작은 지혜로 방편적인 행위를 베풀어 설했지만, 이 이후에는 문화가 날로 새로워지고 사람들이 평등하여 독립인이라는 사실을 인식하게 되어 의존적이거나 자기만 이롭게 하려는 저열한 성품이 점차 교화되어 해탈문과 이타법을 밟게 될 것이다. 이같이 개인적 욕심이 없이 대동 문명에 도달하면 전 세계의 갖가지 중생들이 평등한 진리의 땅에 안주하여 무한한 자유로움을 누리게 될 것이니, 이런 상황이 되었을 때 모든 부처가 할 수 있는 일이 완성되었다고 할 수 있다." 이처럼 근대 사회가 가져오는 평등성과 지적 성장에 주목한 박한영은 불교가 대중에게 다가가고 나아가 대중을 이롭게 하기 위해서는 불교 내의 이러한 가르침들을 중점적으로 알려야 한다고 한 것이었다. 그의 태도에는 단순히 불교의 세력을 확장시키려는 의미에서뿐만 아니라 인류의 발전에 기여하는 종교로 불교가 거듭날 수 있기를 바라는 마음이 담겨 있다.

조선 불교계의 지도자이기도 하였던 박한영은 1919년 불교계 대표로 한성 임시정부 발족에 참여하였고, 불교계 대표자로서 불교 유신을 위한 건백서, 사찰령 폐지를 위한 서류를 총독부에 제출하며 조선 불교의 독립성과 불교 정신을 지키고자 했다. 이후 1921년 불교유신회 의장으로 선출되어 조선 불교의 지도자로서 조선 불교의 개혁을 위해 본격적으로 활동을 하였고, 1929년 조선 불교 선교양종의 7명의 교정 중 한 사람으로 추대되어 조선 불교를 끌어가는 지도자로 활동했으며, 해방 이후 조선 불교 초대 교정이 되었다. 1944년 모든 강의를 그만두고, 내장산 백련암으로 옮겨서 노년을 마무리하다가 1948년 4월 8일 내장산 백련암에서 입적하였다.

많은 이들이 삶의 방향을 찾아 헤맨다. 청소년기에 시작된 "나는 누구인가", "어떻게 살아야 하는가"라는 질문으로 개인은 각자의 길을 걸어간다. 어떤 이는 선택한 하나의 길을 따라 계속 걸어가기도 하고, 어떤 이는 이길 저길을 헤매며 앞으로 나아간다. 잘 가던 길에서 이 질문이 가끔씩 되살아나 우리를 혼란스럽게 하기도 한다. 청년기의 혼란스러움 속에서 출가의 길을 선택한 박한영은 그 길을 흔들림 없이 묵묵히 최선을 다해 걸어갔다. 19세에 승려가 되어 평생을 승려로서 철저히 계율을 지키며, 불교 승려로서 불교의 미래를 위해 무엇이 필요한지를 고민하며, 이를 실천하며 살았다.

1934년 『동아일보』에 박한영이 실은 신년사에는 꾸준히 실천하며 살아온 그의 삶이 녹아 있다. "우리는 지(智)에 둥글고 행(行)에 모나자. 원지방품행(圓智方品行)하야 살자. 품행에 있어서는 좀 더 방정(方正)하고 그 동작에 있어서는 좀 더 단정하자. 그리고 언제까지나 취생몽사(醉生夢死)할 것이냐. 각오가 있을 뿐이다. 그 각오야말로 이것을 잊어서는 안된다. 이것은 속성(速成)을 바라지 말라는 것이다. 조숙(早熟)하지 말라는 것이다. 무한한 고난이 없이는 큰 성공이 없는 법이다."

박한영의 꾸준한 삶은 우리에게 묵묵히 가야 할 길을 최선을 다해 살아온 이의 모습이 어떠한지 잘 보여 주고 있다.

백용성,

실천불교를 시작하다

지혜경

연세대학교 철학연구소

백용성(白龍城, 1864~1940)은 산속의 불교를 도심의 불교로 바꾼 사람이다. 일찍이 불교의 포교에 관심을 가지고, 대중들을 대상으로 강의하고, 개인들의 성장과 변화를 이끌 수 있는 참선 수행을 대중에게 본격적으로 전파하였다. 그래서 대중을 떠나서는 이야기할 수 없는 승려이다. 한용운이 의지하는 선배 승려였으며, 함께 독립 선언서의 불교 대표자로 참여했다. 비록 일제의 탄압으로 몸소 세운 사찰인 대각사가 폐쇄되는 시련을 겪었지만, 그때 양성한 후학들은 한국 불교계에서 중심적 역할을 해 왔고, 지금도 중요한 역할을 하고 있다. 현대 한국의 대중 참여 불교 운동의 선두에 서 있는 법륜도 백용성 후학의 제자이다.

1. 독립 운동가 백용성

대중에게 잘 알려진 백용성의 모습은 독립 운동가이다. 한용운과 함께 1919년 3·1 독립 선언서에 서명을 하여 옥고를 치렀으며, 이후 독립 운동가들의 자금을 비밀 자금을 대었다고 한다. 독립 선언과 관련해서는 흥미로운 이야기가 불교계에 전해진다. 원래 33인의 독립 선언서 낭독은 파고다공원에서 하기로 했었다고 한다. 그러나 많은 사람들이 다칠 것을 우려한 집행부가 장소를 태화관으로 바꾸면서, 혹시 몇몇 사람만의 조용한 발표로 그치고, 세상에 파장을 일으키지 못할 것을 염려한 백용성이 자신의 큰 제자인 동헌을 시켜서 총독부에 선언서 발표에 대한 내용을 고발하게 하여, 세상에 알리게 했다는 것이다. 자신을 포함한 33인이 체포되면서 크게 신문 기사가 나갔고, 이는 3·1 운동의 기폭제가 되었다. 언뜻 보면 이상하게 보일 수 있는 일화지만, 독립을 꿈꾸는 이들의 저항과 역사적 흐름을 생각해 보면, 나름 고개를 끄덕일 만하다. 만약 당시 선언문 선언이 주목받지 못했다면, 3·1 운동이 그렇게 거대한 사건으로 되지 않았을 수 있을 것이다. 비록 3·1 운동이 독립으로 바로 이어지지는 못하였지만, 3·1 운동은 한국인들이 결집할 수 있음을 보여 준 중요 사건이었고, 3·1 운동이 있었기에 결국 독립의 꿈도 계속 품을 수 있었기 때문이다.

3·1 독립 선언서 사건으로 옥고를 다 치르고 난 뒤, 백용성은 만주로 가서 대각사를 짓고, 선농원이라는 농장을 운영하였다. 그곳에서 독립 운동가의 가족들을 돌보고, 민족 의식을 고취시키는 교육을 하고, 독립 운동의 자금을 대었다고 한다. 그러다 일제의 탄압으로 다시 조선 땅으로 돌아와 함양에서 화과원이라는 농원을 운영하였다. 백용성의 독립 운동 지원은 해방 이전에는 알려지지 않았으나, 해방 이후 김구 선생과 임시정부 간부들이 서울 대각사를 찾아와 감사 인사를 전하면서 알려졌다고 한다. 안타깝게도 백용성은 해방 이전에 죽음을 맞이하여 직접 그

인사를 듣지는 못하였다. 이러한 공로로 1962년 '건국훈장 대통령장'을 추서받았고, 1998년에는 국가보훈처의 '이달의 독립 운동가'에 선정되기도 했다. 대중에게 알려진 백용성의 모습은 독립 운동가이지만, 독립 운동가 이전에 그는 승려였고, 불교 부흥과 대중화에 더 관심을 가지고 있었다.

2. 승려로 운명 지어진 사람

백용성은 1864년 5월 8일 전라도 장수군에서 고려 말 충신 백장(1342~1415)의 후손으로 태어났으며, 세속의 이름은 백상규이다. 전해 오는 이야기에 의하면 백용성은 스님의 운명을 타고난 사람이었다. 한용운이 쓴 비문에 의하면, 이미 태어나기 전부터 어머니가 기이한 스님이 방에 들어오는 태몽을 꾼 뒤 태어났다. 또한 어릴 적부터 비리고 매운 음식을 먹지 못하고, 아버지가 낚시로 잡은 물고기를 놓아주는 등 남들과는 다른 섬세한 공감 능력을 가지고 있었다고 한다. 일설에는 태몽에 들어왔던 스님이 조선 시대에 순교한 환성지안(1664~1729)이라, 백용성을 환성지안의 환생이라고 한다. 환성지안은 화엄 사상에 대한 이해가 높았으며, 임제선의 이치에 대해서도 꿰뚫고 있어서 한번 설법을 하면 많은 이들이 모였다. 한번은 1725년 영조 때 김제 금산사에서 화엄 대법회를 열었는데, 1,400명이 모여, 조정의 의심을 샀다고 한다. 너무 많은 이들이 모이는 것은 역모의 조짐이라고, 유림들이 상소를 올리는 바람에 잡혀서 죽임을 당하게 되었다. 백용성이 환성지안의 환생인지 그 사실 여부는 알 수 없지만, 백용성 또한 화엄 사상과 선에 대해 깊은 이해를 가지고 있고, 환성지안의 계맥(戒脈)을 이었기에 둘 사이에는, 스승과 제자의 연결고리가 있다고 할 수 있다.

심지어 그는 출가 이전, 14세 되던 해에 선몽을 꾸었는데, 꿈속에 나타난 부처님이 머리를 만지고 손바닥에 呬(입 이)를 써 주고, "너에게 당부하나니 명심하고 잊지 말라"라고 말하였다고 한다. 부처님이 정수리를 만지는 행위를 불교에서는 마정수기(摩頂授記)라 한다. 마정수기란 부처님이 다음 생에 부처가 될 사람, 깨달음을 얻을 사람에게 징표를 주는 행위이다. 즉, 백용성이 그러한 마정수기를 받았다는 것은 미래에 깨달음을 얻게 될 것이라는 예언이라는 것이다. 꿈속에서 부처님을 만나 절을 찾아 헤매던 중 이후 스승이 되는 혜월과 만나게 되었는데, 혜월도 꿈속에서 부처님과 백씨 동자승을 보았다는 이야기를 했다고 한다. 많은 이들이 자신의 삶의 의미와 목표를 찾아 헤맨다. 대부분의 사람은 이를 평생 찾지 못하고 사는데, 백용성의 경우는 어릴 적 꿈으로 자신의 삶의 의미를 부여받고, 이를 위해 살아갔다. 한용운만 해도 길을 찾아 헤매다가 30세가 넘어서야 비로소 관세음보살에게 황금꽃을 받는 꿈을 꾸었다고 하는데, 백용성의 경우는 어찌 보면 운이 좋은 경우로 보일 수 있다. 어릴 적부터 꿈으로 인해 쉽게 스님이 되는 출가의 길을 선택할 수 있었기 때문이다.

그러나 그의 출가 이유는 단지 어릴 적 꿈이나 태몽에 담긴 전생 때문만은 아니었다. 여동생을 낳다가 돌아가신 어머니의 죽음이 남긴 아픔과

냉정한 계모로부터 받은 상처 또한 그를 출가 쪽으로 이끌었다. 1936년 『삼천리』에 기고한 「나의 참회록」에는 이러한 이야기가 다음의 시구와 함께 적혀 있다.

聞爾胡僧在太白 (들으니 호승이 태백산에 게시니)
蘭若去天三白尺 (삼백 척 바위 위의 움막에 사네)
此僧年紀那得知 (이 스님 나이를 어떻게 알까?)
手植靑松今十圍 (손수 심은 푸른 솔 열 아름일세)

이 글귀는 20년 후의 내 흉금에 지극히 힘찬 자극을 주고도 남음이 있었다. 삭발한 승려가 되어(削髮爲僧) 입산수도하기로 결심을 하고 출가하던 때의 나는 이 글귀를 무한히 즐겨 하였다.

하루에도 몇 번 입속으로 외워 보기도 하였었다. 그러나 냉정히 말하면 '手植靑松今十圍(손수 심은 푸른 솔 열 아름일세)'의 신념을 굳게 먹고 불도의 길로 나섰다기보다도 솔직한 고백으로 말한다면 어린 시절의 내 가정에 대해서 나는 정신적으로 적지 않은 불만을 품고 있었기 때문이었다. 그것은 나이 어린 나에게 닥쳐 오는 계모의 지나친 학대였다. 계모의 학대는 20 전후의 철없는 나로 하여금 포근한 가정을 뛰쳐나가게 하고야 말았었다. ── 『삼천리』, 「나의 참회록」

불교에서는 모든 존재하는 것들, 발생하는 사건은 원인과 조건의 조합에 의해서 이루어진다고 한다. 한 그루의 사과나무가 내 앞에 있을 수 있는 것은 사과씨가 있었기 때문이고, 그 사과씨가 나무로 자라는 데 도움을 주는 모든 주변 요소들인 햇볕과 물과 충분한 영양소를 가진 땅 등이 있었기 때문이다. 이에 한발 더 나아가 사과씨가 나무로 자라는 데 방해하지 않는 요소들, 햇빛을 막는 주변의 큰 나무라든가, 씨앗을 먹어 버리는 벌레 등이 있지 않았기 때문이다. 이러한 제반 요소들을 조건이라고 부른다. 마찬가지로 어린 상규가 승려의 길을 걷게 된 것은 이미 타고난 성품이 승려가 될 만한 요소들이 있었던 것도 있지만, 어머니를 잃은 후 상실감을 채울 수 없었던, 아니 상실감을 채우기는커녕 도망치고 싶게 만드는 집안 환경도 작용한 것이다. 만약 계모가 어린 상규를 구박하지 않고 사랑으로 상실감을 채워 주었다면, 우리가 아는 백용성은 존재하지도 않았을 것이다. 백용성의 삶뿐만 아니라 우리 모두의 삶은 이처럼 나라는 원인과 다양한 주변 조건의 조합으로 굴러간다. 나와 여러 주변의 요소 중의 하나만 바뀌어도 지금 내가 경험하는 세상은 바뀔 수 있는 것이다.

어린 상규가 가정에서 느꼈던 외로움과 슬픔의 감정을 달래 준 것은 불교의 세계관, 위 시구 중 "此僧年紀那得知(이 스님 나이를 어떻게 알까?)/ 手植靑松今十圍(손수 심은 푸른 솔 열 아름일세)"였다. 이 구절 속에서 무엇을 느꼈었는지, 불교의 어떤 세계관이 그를 위로해 주었는지 백용성은 자세히 서술하고 있지는 않다. 다만, 괴로움을 주는 가정으로부터 탈출하여 시간의 흐름 속에서 고통받지 않고 평화롭게 사는 스님의 모습을 동경한 것은 아닐까 추측해 볼 수 있다.

한편 백용성에게는 스승이 한 명이 아니라 여럿이다. 1879년 남원 덕일암 은적당의 혜월을 찾아가 용성이라는 이름을 받았으나 정식으로 머리를 깎고 출가한 곳은 해인사였다. 당시 덕일암에 머물고 있던 혜월은 최제우(1824~1864)와 접촉했었다는 이유로 도첩(승려 자격증)을 빼앗겨 도첩이 없는 승려로 생활하고 있었다. 덕일암은 동학을 창시한 수운 최제우가 은거하며 동학 사상을 정리한 곳이다. 수계를 받을 수 없었기에, 혜월의 추천으로 해인사 극락암 화월을 찾아가 머리를 깎고 승려가 되었다.

이후 화월의 추천으로 고운사에서 수월영민(1817~1893)에게서 주력 수행을 배웠다. 깨달음을 위한 불교의 수행에는 여러 가지가 있는데, 불교 신도 외의 일반 사람들에게 잘 알려진 참선 수행 외에도, 간경(看經) 수행, 주력 수행, 염불 수행이 있다. 간경 수행이란 경전의 내용을 공부하여 내 것으로 만드는 것이다. 부처님의 말씀이 적힌 경전을 소리 내서 읽고, 스승의 강의 등을 통해 배우고, 경전을 베껴 쓴다. 불교의 가르침을 배우는 것이기 때문에 특히 불교를 처음 배우는 이들에게 많은 도움이 되는 수행법이다. 염불 수행이란 부처님을 바라보고, 부처님을 생각하며, 부처님의 이름을 계속해서 부르는 수행이다. "나무아미타불," "나무관세음보살" 등을 마음속으로 또는 소리 내어 반복적으로 외우는 것이다. 이름을 부를 때는 진심을 담아서 아미타불을 생각하고, 관세음보살을 생각하는 것이 좋다. 주력 수행이란, 산스크리트어로 된 주문, 즉 부처님과 보살의 공덕이 담긴 진언(眞言)을 소리 내어 외우는 수행이다. 가장 대중적으로 알려진 것이 천수대비주와 능엄주이다. 천수대비주는 『천수경』에 들어있는 진언이고, 능엄주는 『능엄경』에 들어 있는 진언으로 이 진언들을 외우는 사람은 모든 재앙을 없애고, 그동안의 업을 소멸하여 깨달음을 얻는다고 한다. 주력 수행과 염불 수행은 구체적 내용에는 차이가 있지만, 진언에 부처님의 이름도 포함되는 경우가 있고, 그 기본 방식이나 효과가 유사하기에 함께 수행하기도 한다. 둘 다 부처님이나 불교의 다양한 신장들을 부르며, 깊은 집중의 상태에 들어가는 초월적 체험을 하는 것이기 때문이다. 백용성은 천수대비주와 여섯 자로 된 관세음보살의 진언인 "옴마니반메훔(오~ 진흙 속의 연꽃이여)"을 9개월 동안 염송하고, 보광사에서 염불 수행을 하던 중 법당을 나오려다 호랑이와 마주하는 신비한 체험을 했다고 한다. 그로 인해 "이 천지와 세계는 무엇으로 근본이 되었는가, 이러한 생각은 어디서 일어나는가"라는 의문을 가지고 선정에 들어가 처음으로 깨달음을 얻었다. 주력 수행을 통해, 의문을 갖게 되어 이를 해결하는 과정에서 첫 번째 깨달음을 얻은 백용성은 이후에도 주력 수행도 중시하였다. 나아가 마음을 쉽게 집중할 수 없는 초심자들뿐만 아니라, 화두에 집중하는 좌선 수행을 하는 이들에게도 염불 수행의 중요성을 강조하였다. 주력 수행은 이전에 쌓은 업을 제거하고, 불교에서 말하는 참나의 모습을 드러내는 데에 도움을 주기 때문이다.

　이후 좀 더 공부하고자 하는 의지를 내어 떠돌다가 금강산 표훈사의 무융을 만나 "무"자 화두를 잡고 수행을 하였다. "무" 자 화두는 한국 불교에서 많은 이들에게 주어지는 화두로 중국의 유명한 선사인 조주의 일화와 관련되어 있다. 하루는 조주에게 제자가 "개에게도 불성이 있습니까"라고 물었다. 그러자 조주는 "無(없다)"라고 대답했다고 한다. 당시 중국 불교계에서는 모든 존재하는 것, 심지어 무생물인 바위에도 불성, 부처님이 되는 성품이 있다고 믿고 있었는데, 조주가 이를 아니라고 한 것이다. 왜 조주가 없다고 대답했는지 이에 대한 의문을 타파하라는 것이 "무"자 화두를 참구하는 것이다. 백용성은 보광사 도솔암에서 간화선 수행을 한 후 『경덕전등록』의 항엄지한(?~898)의 게송을 읽다가 작은 깨우침을 얻었다.

1884년 통도사에서 해동율맥을 이어받았다. 정식 승려가 되기 위해서는 비구계가 필요한데, 불교에서는 계율을 받는 것이 율맥, 계율의 계보를 통해서 가능하다. 한국의 율맥은 신라의 자장 율사 이래로 계속 이어져 오다가 조선 시대 환성지안의 순교로 끊어진 것을 이후 금담이 제자와 서원을 세워 계를 내려 달라 기도를 해서 하늘로부터 다시 얻었다고 한다. 이후 초의(1786~1866)와 선곡을 거쳐서 백용성에게로 이어졌다.

이후 백용성은 송광사 감로암에서 호봉 강백의 강의를 들으며 다양한 불교 경전과 논서를 공부하다가, 겨울에는 지리산 금강대, 여름에는 송광사 삼일암으로 수행처를 옮기면서 집중 수행을 하였다. 1885년 가을, 『전등록』을 읽다가 갑자기 무 자 화두를 깨쳤다.

동짓달이 당겨진 활과 같으니, 비는 적고 바람은 많이 분다.

이 구절에 대해 김광식은 "중국 가관(可觀) 선사의 법어에서 유래된 것인데, '구름 한 점 없는 청천 하늘에 반달이 훤히 비추고 있구나. 너희는 어찌하여 번뇌 망상의 바람은 많고 감로법우는 이리도 적으냐'는 뜻"이라고 설명하였다. 이를 참고하고 백용성의 무 자 화두와의 깨침과 연결시켜 보면, 앞부분은 김광식의 해석과 달리 동짓달은 수행자를 말하는 것이고, 당겨진 활은 깨달음을 위해 애쓰는 모습이라 할 수 있을 것이다. 수행자가 용을 쓰면서 깨달음을 얻기 위해 노력하는데, 그것이 오히려 번뇌망상을 늘리고, 깨달음으로부터 멀어짐을 위 구절은 말하고 있는 것이다. 무 자 화두도, 조주가 개에게 불성이 있는지 없는지 다투느라고 본래 요점에서 멀어져 간 수행자를 정신 차리게 하기 위해 말했다고 볼 수 있다. 무 자 화두의 일화의 뒷부분에 보면, 다른 곳에서 다른 제자가 개에게도 불성이 있는지 묻자, 이번에는 '있다'고 말한다. 시시비비에 매여서 인간의 관점에서 정답만 찾으려는 태도를 비판한다는 점에서 위의 구절과 무 자 화두는 통하는 점이 있다. 여기에서 핵심은 불교에서 말하는 깨달음의 마음은 이러한 분별적 사유에서 자유롭다는 것이다. 이는 무 자 화두를 깬 뒤 백용성이 '일면불, 월면불(日面佛, 月面佛)'이라는 화두를 이어서 깨쳤다는 것과 연결시켜 보면 더 분명해진다. '일면불, 월면불(해의 얼굴을 한 부처, 달의 얼굴을 한 부처)'에는 다음과 같은 일화가 전해진다. 마조도일(709~788)이 돌아가시기 전 제자가 아침에 문안을 드리며, 밤새 어떠셨냐고 여쭈니, 마조도일이 "일면불, 월면불"이라고 하였다고 한다. 『불설불명경(佛說佛名經)』이라는 경전에 의하면, 일면불(日面佛)은 1,800년을 산다고 하고, 월면불(月面佛)은 하루밖에 못 산다고 한다. 마조가 안부를 묻자 이렇게 말한 이유에 대해서 다양한 해석이 존재하지만, 오늘 죽으나 더 오래 사나 그 또한 시시비비의 분별이므로, 깨달은 자에 시선에서 보면, 그러한 분별은 무의미하다는 의미가 아니었을까.

백용성은 주력 수행을 통해 과거의 업장을 깨어 첫 번째의 깨달음을 얻고, 무용에게 간화선을 배우면서 두 번째 깨달음을 얻고, 『전등록』을 읽고 참선 수행을 하며 분별을 일삼는 자의식의 작용을 깨는 세 번째 깨달음을 얻고, 1886년 가을 낙동강에서 다음과 같은 마지막 깨달음의 시를 노래하였다.

금오산의 천년의 달이요,
낙동강엔 만 리의 파도로다.
고기잡이배는 어디로 갔는가
옛날처럼 갈대꽃에서 자는구나.

오랜 기간의 간절한 수행을 통해, 모든 분별을 떠나 본래의 불성과 하나 된 경지를 노래하고도, 백용성은 토굴에 들어가 '나는 자유로운가'라는 화두를 또 잡았었다고 한다. 백용성의 깨달음을 향한 간절함은 매우 절실했다. 이후 백용성은 공부에 있어서 간절함의 중요성을 제자들에게 강조하였다. "공부를 하는 데 가장 요긴한 것이 이 '切(간절할 절)' 자이다. 간절하다는 말이 가장 힘이 있다. 간절하지 않으면 나태함이 일어나고, 나태함이 생기면 제멋대로 방일하여 이르지 않는 곳이 없을 것이다. 만약 공부에 마음을 쓰는 것이 진실로 간절하다면 방일이나 나태가 어찌 부산하게 일어날 수 있겠는가." 박산무이(1575~1630)의 말을 빌려 말했다는 이 말은 삶을 살아가는 이 누구에게나 도움이 되는 말이다. 그러나 더 중요한 것은 무엇에 대해 간절할 것인가라 할 수 있다. 백용성에게는 불교의 깨달음이었다. 당신은 무엇에 간절할 것인가?

백용성은 여러 스승을 통해 불교의 모든 이론을 배우고, 수행법을 체득하고, 계맥까지 이었다. 그 모든 것을 이룰 수 있었던 것은 깨달음을 얻겠다는 간절함에서 나온 것이었다. 그러나 그 이후 어딘가로 사라졌다가 1900년에서야 다시 세상에 모습을 드러내었는데, 제자들이 아무리 물어도 그 기간 동안의 삶의 흔적을 그는 알려 주지 않았다 한다.

3. 대중을 위한 불교를 위하여.

백용성의 깨달음은 혼자만의 깨달음에 멈추지 않았고, 세상과 불교의 대중화로 확장되었다. 불교에는 상구보리(上求菩提), 하화중생(下化衆生), 즉 위로는 깨달음을 구하고, 아래로는 중생들을 교화한다는 가르침이 있다. 많은 스님들은 경전을 강의하는 방식을 통해 중생을 가르쳤지만, 백용성은 좀 더 현실적이고, 실천적 방식을 고민하면서 불교 가르침의 대중화에 힘을 썼다.

1900년, 다시 세상에 모습을 드러낸 이후부터 백용성은 곳곳을 다니며 수행을 하고, 대중 법회를 열어 불교 강의를 하고, 참회 법회도 주관하며 대중과 소통하였다. 특히 염불 수행이 참된 나를 바라보는 중요한 수행법이라 권장하며 해인사에서 많은 염불 수행 법회를 열어 지도하였다. 1905년에는 서울로 올라와 망월사에서 절을 짓고 활동하기 시작하였다.

1910년 마흔일곱 살의 백용성은 또 한 번 부처님 꿈을 꾼다. 꿈속에서 부처님이 "너는 어찌 그 옛날의 부촉을 잊어버렸는가?"라는 말씀을 하는 것을 듣고 깨어나니 열네 살 때의 꿈이 함께 생생히 기억났다. 당시 꿈속에서 부처님은 손바닥에 唎(입 이) 자를 써 주었었다. 백용성은 이를 그동안 불법을 제대로 전파하지 못한다는 지적으로 받아들여서『귀원종정(歸元正宗)』을 집필하기 시작하여 1913년 출판하였다.

불교의 가르침은 당시 기독교인들 눈에는 일반 무속이나 별반 다른 것 없는 우상숭배하는 미신 집단 정도로 인지되었다. 그도 그럴 것이 기독교의 교리는 십계명을 중심으로 간단명료하게 가르침이 잘 정리되어 있으나, 불교의 가르침은 방대하기만 할 뿐, 일반인들이 쉽게 이해할 수 있게 일목요연하게 정리된 자료가 없었기 때문이었다. 그래서 백용성은 이에 답변하기 위해『귀원정종』을 저술하였다.『귀원정종』이란 '근원으로 돌아가는 바른 가르침'이라는 의미로 63가지의 질문에 대해 답변하는 방식으로 구성되어 있다. 불교에 대한 비판들에 대한 반론, 불교의 기본 교리 설명, 때로는 기독교의 교리를 비판하고 비교 설명을 하는 내용으로 구성되어 있다.

제일 먼저 언급된 내용은 승려들이 산속에 은둔하면서 인륜이나 인의예지신(仁義禮智信)도 모르고, 자신의 편안함만 추구하며 인간의 도리를 안 한다는 비판에 대한 반론이다. 이에 대한 반론이 처음인 것을 보면 당시 승려에 대한 인식은 무위도식하며 산속에서 삶을 영위한다는 비판이 많았던 것으로 보인다. 이 같은 비판은 원불교를 창시한 박중빈의 불교 비판 내용에서도 보이고 있다. 반론에 따르면, 승려는 도를 마음에 품어 산속에 살고 있는 것이며, 부처님이 가르쳐 주신 삼귀의(三歸依)와 오계(五戒)에 따라 자신을 닦는다고 설명한다. 삼귀의란, 부처님께 귀의하고, 법(부처님의 가르침)에 귀의하고, 승가에 귀의하는 것이다. 오계란 생명을 죽이지 않는 것, 도둑질하지 않는 것, 삿된 음행을 하지 않는 것, 거짓말을 하지 않는 것, 술을 마시지 않는 것이다. 나아가, 백용성은 불교의 오계가 유학에서 말하는 인, 의, 예, 신, 지와 그 말하고자 하는 내용이 크게 다르지 않다고 설명한다.

> 오계는 첫째, 생명을 죽이지 않는 것이니, 이것은 인(仁)의 근본이요, 둘째는 도둑질하지 않는 것이니, 이것은 의(義)의 근본이요, 셋째는 삿된 음행을 하지 않는 것이니, 이것은 예(禮)의 근본이요, 넷째는 거짓말하지 않는 것이니, 이것은 신(信)의 근본이요, 다섯째는 술을 마시지 않는 것이니, 이것은 지(智)의 근본이다. 오계가 갖춰지면 오상(五常)의 도가 항상하여 어둡지 않아 마음속과 행동하는 가운데 언제나 있게 된다.
>
> ─『귀원정종』

이렇게 불교의 오계와 유교의 오상을 짝짓고, 나아가 그는 불교의 불법승, 세 가지 대상에 마음을 두고 다섯 가지 기본 계율을 지키며 자신을 닦으면, 유학에서 말하는 수신제가치국평천하(修身齊家治國平天下)까지 되는 것이라고 한다. 불교와 유교의 가르침이 다르지 않음을 통해, 불교 또한 윤리적인 내용을 실천함을 강조하고 있다.

백용성의 답변은 불교에 대한 오랜 비판인 현세적 삶을 부정한다는 주장을 재반박하고 있다. 불교의 출세적 성향과 불교가 일상이 아닌 것에 대해 집착한다는 비판에 대해서는 육조 혜능의 말을 빌려 "세간을 떠나

보리를 찾는 것은 흡사 토끼의 뿔을 찾는 것과 같다"라든가 부처의 "색즉
시공, 공즉시색(色卽是空, 空卽是色: 일상의 세계가 진리의 세계이고 진리의 세계가
일상의 세계)"이라는 말을 인용하며 불교가 일상 세계를 떠나서 있는 것이
아님을 증명하고자 했다.

　나아가 백용성은 이 책에서 유가, 도가, 기독교에 대해 나름대로 평가
하면서 불교 교리가 모든 가르침을 다 담고 있는 우수한 가르침임을 증
명하고자 했다. 유학에 대해서는 "공자의 가르침은 몸을 닦고, 가정은 다
스리고, 정치함을 설하는 학문으로는 대단히 적절하나 출세간에는 어두
운 까닭에 충분히 갖추어진(圓滿) 가르침이라 할 수 없다"라고 평가하고,
도가에 대해서는 모든 것을 자연의 흐름에 맡기기 때문에 정치에 대해서
도 충분히 이야기 못 하고 있고, 그렇다고 출세간의 깨달음의 길도 분명
하게 설명하지 못하고 있다고 평가한다. 기독교의 경우, 착한 일을 하면
복을 받고 하늘에 태어난다는 점에서 불교의 가르침과 유사한 점이 있으
나, 자신의 마음에 대해서 잘 모른다는 관점을 가지고 보고 있다.

　이러한 기본적 입장의 연장선에서 기독교의 십계명과 불교의 가르침
을 비교하고, 불교적 입장에서 천지창조설과 선악과 이야기, 『요한복음』
에 대해서 비판하기도 하였다. 비판의 요지는 "중생의 심성(心性) 밖에 존
중해야 할 하느님(天)이 따로 있고, 만물을 낳을 수 있는 하느님이 따로
있다는 것은 허망한 말이지 참말은 아니다"라는 것이다. 불교는 모든 것
이 마음에 의해 지어진 것이며, 중생의 마음과 깨달은 이, 부처의 마음은
더럽혀진 한 꺼풀만 벗기면 될 뿐 기본적으로 다른 마음이 아니라는 관
점을 가지고 있다. 그렇기에 불교 입장에서 보기에 중생의 마음을 떠나

밖에서 주재하는 하느님의 존재는 맞는 말이 아니라 비판한다. 또한 기독교의 선악과 이야기에 대해서도 다음과 같이 비판한다.

> 또 성인은 오직 자비희사(慈悲喜捨)의 사무량심(四無量心)으로 항상 사랑과 연민을 더하여 어짊과 용서를 근본으로 삼는 법인데, 잘하는 건 성질부리는 짓에, 행실은 삿되고 치우쳐, "나를 섬기는 자는 복을 주고 도와주며, 나를 배척하는 자는 재앙을 내리고 화를 내린다"라고 한단 말인가? 내가 이제 이런 말을 하는 것은 남의 종교의 삿됨과 바름을 논하자는 것이 아니다. 물구덩이, 불구덩이로 들어간 형제들을 급히 구제하려는 것일 뿐이다. 천지가 처음 시작된 때는 선과 악이 아직 나뉘기 전이다. 여호와가 이미 권능을 가지고 있어 착한 사람을 만들었다면 마땅히 그는 사람들의 아버지가 된다. 당연히 자비롭고 용서하고 관대하고 어질어야 하는데, 왜 다시 선악과로 그들을 시험하여 사람을 죄에 빠트렸는가? 또 이런 자잘한 죄로 그들을 추방해 미래가 다하도록 벌을 주었으니, 너무 심하다 하지 않겠는가?
>
> —『귀원정종』

여기에서 보여지는 하느님 이미지는 자애로움과는 거리가 멀다. 이러한 신의 이미지는 예수가 온 뒤에 용서의 하느님으로 바뀐다. 하지만, 한국 내 많은 개신교에서의 하느님의 이미지는 처벌의 하느님의 이미지가 당시에도 그리고 현재에도 여전히 강한데, 백용성은 일반인이 의문 품을 만한 이러한 쟁점이 될 만한 부분을 잘 짚어 비판하고 있다. 백용성이 기독교에 대한 비판을 넣은 것은 당시에 기독교의 포교를 신경 쓰고 있었음을 간접적으로 보여 주고 있다.

1912년 백용성은 서울로 올라와 '조선 임제종 중앙포교당'의 개교 사장을 맡아 매주 설법을 하고 시민선방을 운영했다. 이로 인해 참선이라는 말이 경성에 처음으로 유행했다. 이후 원종과 임제종의 대립 속에서 임제종이 사라지고, 수감 생활을 마친 후, 본격적인 대중화 사업을 위해 1920년에 종로에 대각사를 세웠다. 백용성은 당대의 기독교와 불교가 서로 경쟁하는 포교 상황 속에서 기독교의 좋은 점을 흡수하고, 또한 기독교에 대한 이해를 바탕으로 불교를 대중들이 좀 더 다가가기 쉬운 종교로 만들고자 했다.

19세기 말 한국에 전래된 개신교는 뛰어난 의료 기술과 새로운 교육 체계, 그리고 한글화된 경전을 통해 일반 대중에게 많이 전파되었다. 백용성은 기독교가 가진 뛰어난 점을 1919년 3·1 운동에 불교 대표로 참석하였다가 수감되었던 시기에, 감옥에서 기독교인과 교류하면서 알게 되었다. 그에게 가장 충격적인 것은 개신교 신자들은 한글 성경을 읽고 한글 기도문으로 매일 기도한다는 것이었다. 수천 년 동안 모든 불교 경전은 한문이었으며, 예불을 드리는 때 사용되는 구절들도 한문이었다. 마치 가톨릭의 라틴어 성경과 라틴어 미사 예식처럼 일반 신도들은 내용을 이해할 수 없으니 기복적으로 흐를 수밖에 없었던 것이다. 개신교 신자들이 한글로 된 성서를 읽는 것을 보면서 불교에는 한글로 된 경전이 한 권도 없음을 한탄하며, 경전의 한글 번역 작업을 시작하였다. 그렇게 해서 『금강경』 등의 경전을 한글로 번역하여 일반인들이 쉽게 접할

수 있게 하였다. 그가 번역한 한문 경전들은『신역 대장경 금강경 강의』,
『수능엄경 선한연의』,『조선글 화엄경』,『조선어 능엄경』,『대승기신론』,
『선한문역 선문촬요』,『천수경』등이 있다. 이러한 그의 노력으로 불교의
진리는 대중에게 좀 더 다가갈 수 있었다.

기존의 불교 포교 방식에 대해서 반성하고, 출감 이후에는 불교 포교
활동을 변화시켰다. 그는 개신교의 장점들을 불교에 접목시키고자 하였
다. 풍금을 치고 개신교회식 찬불가를 부른 것도 백용성이 처음이었다.
도문에 의하면, 백용성은 1908년부터 2년 동안 중국 베이징(北京) 등에 머
무르면서 영국 유학을 다녀온 중국인으로부터 서양식 작곡법을 배웠다
고 한다. 그래서 이 지식을 바탕으로 찬불가를 작곡하고 직접 풍금을 연
주하며 찬불가를 가르쳤다. 1927년 간행된『대각교의식』에는 최초의 서
양식 찬불가인 '왕생가', '대각가', '권세가' 등이 실려 있다. 찬불가를 부르
는 등 파격적인 포교 활동을 했지만, 불교의 기본 틀을 지키고자 하였다.
1925년 도봉산 망월사에서 만일 참선 결사회를 열어 간화선 전통을 계승
하고, 참선 교실을 열어 대중에게 참선 기회를 제공하였다.

불경의 번역 사업뿐만 아니라 한용운처럼 불교의 자립에도 관심이 많
았다. 북청에서 금광을 경영하거나, 선농일치를 이야기하며 만주 지역에
협동조합을, 경남에서는 화과원이라는 과수 농장을 운영하였다. 앞서 이
야기했지만, 불교의 자립을 위한 경제 활동은 단지 한국인들의 경제 활
동을 돕는 활동일 뿐 아니라 독립 운동가를 돕는 역할도 했다.

그의 불교를 대중 속의 불교로 만들려는 노력은 대각 사상의 형성과
대각교의 설립으로 좀 더 구체화된다.

4. 대각 사상과 대각교

백용성은 불교가 다른 종교와 다르게 갖고 있는 점을 '각(覺)', 깨달음으로 보았다. 지금도 불교는 깨달음의 종교라고 알려져 있다. 절대자를 믿어서 구원받는 종교가 아니라, 개인이 수행을 통해 깨달음을 얻어 스스로를 구원하는 종교이기 때문이다. 물론, 불교 내에서도 깨달음을 얻은 부처와 중생들을 위해 깨달음을 보류한 보살들의 도움을 받아 구원에 이르는 가르침을 이야기하고 있다. 하지만, 이는 수행할 준비가 부족한 이들을 위한 가르침이고, 불교의 핵심은 깨달음을 얻는 것이다.

깨달음을 얻는다는 것은 무엇일까? 이에 대한 설명은 불교의 다양한 학파에 따라 조금씩 다른데, 한국의 선불교 전통에서는 이를 참된 나 자신을 보는 것이라고 말한다. 내가 지금 이 순간 나라고 생각하는 존재는 나의 참모습이 아니며, 내가 나라고 착각하는 존재로, 우리는 이 '나'라는 생각에 갇혀 자기중심적으로 세상을 바라보면서 온갖 마음의 고통을 겪는다. 세상에서 나를 아프게 하는 일들이 발생하지만, 그 고통을 증폭시키며 나를 계속 아프게 하는 것은 '나' 중심적인 생각이다. 욱하고 화를 낼 때, 그 아래에 깔린 생각은 '내'가 무시당했다는 생각이며, 누군가에게 마음의 상처를 받았을 때도 '내'가 상처받아 슬프다 느낀다. 여기에서 '나'라는 존재를 다르게 보게 되면, 즉 존재의 참모습을 보게 되면, 화남이나 슬픔의 감정에 얽매이지 않고 자유로워진다. 자유로워진다는 것은 그러한 감정을 느끼지 않는 것이 아니라, 느낄 수 있되, 욱하고 화를 내거나,

슬픔 속에 매몰되지 않는다는 것이다. 이것이 선불교에서 말하는 깨달음의 상태, 절대 평화의 상태이다.

불교에서는 '나'라는 존재란 물질적 요소, 감각을 수용하고, 대상을 파악하고, 대상에 대한 욕망을 내고, 경험들을 기억하는 정신 작용의 요소들의 결합이라고 한다. 그렇기 때문에 '나'라는 존재의 본래 모습을 본다는 것은 그러한 요소들이 순간순간 결합되고 흩어지는 흐름을 있는 그대로 보는 것이다. 이는 마치 영화 《매트릭스》에서 가상 세계에서의 다채로운 모습이 컴퓨터상에서는 숫자들의 흐름인 것과 비슷하다. 나의 본모습을 보면, 그 안에서는 나와 타자의 구별이 존재하지 않는다. 우주 전체가 바로 나이며, 나의 마음인 것이다. "각, 깨달음"은 바로 그러한 상태를 체험하는 것이며, 바로 그 상태에서 세상을 바라보게 되는 것을 말한다. 그래서 백용성은 각을 본성이라고 하며, 우주의 근원이라고 한다.

유독 이를 '각'이 아니라 '대각'이라고 하는 이유에 대해서 『각해일륜』에서는 다음과 같이 말한다.

우리가 보고 제일 크다고 할 것은 하늘과 땅과 허공이라고 할 수밖에 없다. 그러나 우리 교에서 크다고 한 것은 그것이 아니다. 우리의 본래 마음이 천지 허공 만물(天地虛空萬物)과 비교하여 상대적으로 크다는 말이 아니라, 비교 대상이 없다는 것을 말하는 것이다. 상대적(相對的)으로 크다는 말이 아니라 모든 상대(對對)가 끊어진 것을 말한 것이고, 각(覺)이라는 말은 깨치는 이도 깨칠 것도 없다는 것을 말한다.

— 『각해일륜』

크다 작다의 판단은 다른 것과의 비교에 따라 정해진다. 하늘과 땅을 크다고 말하는 것은 이 세상의 여러 존재들과 크기를 비교해서 말하는 것이다. 하지만, 대각교에서 말하는 큰 깨달음이란, 그런 상대적인 비교 속에서의 크다의 의미가 아니라고 한다. 비교할 대상이 없는 존재의 근원이기에 크다고 하는 것이다. 깨달음을 이야기하지만, 깨닫는 사람과 깨닫는 내용의 구분을 넘어선 큰 깨달음이기에 대각이라고 한다. 또한 깨달음의 세 가지 상태를 모두 포괄하기 때문에 대각이라고도 한다. 깨달음의 세 가지 상태란 본래 깨달음의 상태, 처음 깨달음의 상태, 궁극적 깨달음의 상태로 나누어 볼 수 있다. 선불교 전통에서 인간은 원래 본래 깨달은 존재인데, 그동안 쌓아온 업 때문에 자신의 본래 상태를 알지 못한다고 한다. 그것이 본래 깨달음의 상태이다. 나의 본래 상태를 처음으로 보게 되는 것이 처음 깨달음의 상태이다. 나아가 모든 업이 소멸되어 본래 깨달음의 상태를 완전히 회복하게 되는 것이 궁극적 깨달음의 상태이다. 이 모든 깨달음의 상태들을 분리시키지 않고 모두 포괄하고 있기에 대각이라고 한다.

인간이란 본래 깨달음의 본성을 가진 존재이나, 깨달음은 한 번에 완전히 깨닫는다고도 할 수 있지만, 동시에 그렇게 말할 수 없다. 인간은 누구나 이러한 대각의 본성을 가지고 있다. 그래서 대각교에서는 이러한 깨달음을 목적으로 하여 다음과 같이 말한다.

우리 대각교는 천당에 가려고 하는 종교가 아니라 나의 대원각성(大圓覺性)을 깨쳐 영원히 생사고해를 해탈하고 모든 중생을 깨닫게 하는 것을 목적으로 한다.　　　　　　　　　　　　　　　—『각해일륜』

기독교는 하느님을 믿으면 천당에 간다고 가르치지만, 대각교는 자신의 본래 모습을 깨달아 영원히 윤회의 굴레에서 벗어나고자 한다. 그리고 이 깨달음은 앞서 말했듯이 개인의 깨달음에서 멈추지 않고 타인의 깨달음까지도 돕는 데로 나아간다. 그러나, 일반 대중 개개인의 깨달음의 강조는 이전 불교 전통에서는 강조되지 않았던 것으로, 당시에 대다수의 불교도들은 부처와 보살에게 공양을 하고 기도를 하며, 복과 안녕을 구하는 데 초점을 맞췄었다. 백용성은 이를 깨고, 좀 더 많은 이들에게 불교의 본래의 가르침인 깨달음을 전파하려고 했다. 그러나 그의 기대와는 달리 많은 이들에게 전파되지 못하였다. 그의 바람과는 달리 대각사는 일제에 의해 서서히 해체되었다.

5. 변화를 추구한 전통주의자

비록 혁신적인 불교 운동을 시작했으나, 백용성은 불교의 핵심을 놓치지 않으려는 전통주의자의 모습을 가지고 있었다. 1920년대 조선 불교계의 큰 화두는 불교의 사회 참여, 사회화와 대처식육의 허용이었다. 개화기 이후 일본에서 유학하고 돌아온 승려들이 대처승이 되어, 승단 내에서 주요한 직책을 맡는 경우가 많아지면서, 승려의 결혼을 허용해야 한다는 목소리가 커져 갔다. 한용운의 경우도 조선총독부에 건백서를 제출하며, 불교의 사회화를 위해서 승려들의 결혼을 허용하는 것이 필요하다 주장했다. 또한, 이 외에 승려도 인간으로서 욕구를 충족할 권리가 있다는 주장들도 함께 나왔다. 승려가 이러한 욕구들을 충족할 때 불교의 사회화가 더 잘 이루어질 것이라는 기대도 있었다. 1920년대 들어서는 이를 묵인하고 수용하는 분위기가 형성되었고, 총독부에서도 대처식육을 단순히 허용이 아닌, 권장하였다.

하지만 조선 불교의 승려는 기본적으로 독신을 유지하며 육식을 하지 않는 것이었다. 이에 백용성은 두 차례 건백서를 올린다. 건백서에서 그는 부처의 제자를 재가(在家) 청신사(淸信士), 재가 청신녀, 출가 비구와 출가 비구니 넷으로 나누어 재가자와 출가자의 삶이 다름을 강조하였다. 청신사, 청신녀란 일반 신도를 말한다. 일반 신도의 경우는 결혼하여 아이를 낳아 효로서 부모를 봉양하면서 부처 믿는 마음을 지키며 어질게 사는 것이기에 보살계를 받아 산다. 반면, 출가 비구와 출가 비구니는 속세와의 인연을 끊고 계율을 지키며 도를 닦겠다고 한 이들이다. 그렇기 때문에 이들이 결혼을 한다는 것은 출가자임을 스스로 부정하는 행위로 이에 대해서는 승려임을 포기하게 해야 함을 주장하였다. 불교에 재가 불교자가 없다면 상관이 없지만, 이를 분명히 나누고 있기 때문에 원칙적으로 환속이 맞다는 것이다. 고기를 먹는 것에 대해서는 구체적 반박이 없으나, 결혼하여 가족과 함께 거주하며 수행한다는 것은 사찰을 마귀의 소굴로 만드는 행위이기에 엄금시켜서 청정한 사원을 복원시키고, 계율을 지키는 승려들이 안심하고 수행할 수 있게 조치를 취해 달라고 총독부에 요청하였다. 하지만 총독부는 이를 수용하지 않았고, 당시 불교계에서도 비록 대처식육 제도의 문제점을 인식하고는 있었으나, 백용성의 제안을 수용하는 것을 꺼려 했다. 결국 당시의 대처식육의 허용은 해방 이후 불교 내 분란으로 이어져서 조계종과 태고종으로 나뉘게 된다.

백용성은 개혁을 주장했으나, 승려로서의 본분을 중시했으며, 이를 위해서는 계율을 지키는 것이 우선되어야 한다고 보았다. 그래서 그는 건백서를 통해 불교 전통을 지키게 도와줄 것을 호소하였으며, 1932년, 69세 때에는 『불교』지에 불교와 정치 권력의 분리와 승려로서 계율 엄수와 수행을 강조하는 「중앙 행정에 대한 희망」을 실었다. 이는 계율로부터 조금은 유연성을 가지고 있던 선불교의 전통과는 많이 다른 의견이었다.

무엇이 불교의 근본인지, 승려다움이 무엇인지를 끊임없이 고민하며 절실하게 살아온 그의 삶은 이처럼 그의 행보 곳곳에 남아 있다. 안타깝게도 당시에는 변화를 위한 그의 많은 시도들이 외부적 압력에 의해 좌절되었다. 1934년에 일제에 의해 강제로 대각교 재산을 신탁하였고, 1936년에는 강제로 범어사 경성 포교당으로 개명해야 했으며, 1938년에는 탄압에 의해 해산되었다. 그동안 이룬 대각사를 빼앗긴 상태로 해방을 지켜보지도 못한 채, 1940년 77세의 나이로 열반하였다.

치열하게 자신의 길을 살아간 그의 삶은 외부의 압력과 탄압으로 당시에는 어찌 보면 무모하고 성공하지 못한 삶으로 보일 수 있지만, 그의 죽음 이후에도 그가 남긴 삶의 흔적은 남아 있었다. 해방 이후에는 아무도 몰랐던 독립 운동 지원 사실이 드러나고, 1953년에는 신탁한 재산을

20년 만에 문도들이 인수하여 대각사를 다시 살려 백용성의 뜻을 따라 포교 활동을 하고 있다. 비록 당시에는 꽃을 피우지 못했으나, 그가 뿌린 씨앗은 찬 겨울의 시대를 지나 해방된 한국에서 많은 제자들의 정신에 살아남아 지금의 대중 불교 운동을 이끌어 가고 있다.

한용운,
님을 향해 치열하게 살다

지혜경
연세대학교 철학연구소

"님은 갔습니다. 아아, 사랑하는 나의 님은 갔습니다." 이는 한국인이라면 모를 수 없는 「님의 침묵」의 첫 구절이다. 이 시를 지은 한용운(1879~1944)은 근대의 격동기 속에서 어떻게 살아가야 할지 그 길을 찾아 삶을 던지며 치열하게 살아온 지식인이었다. 사람들에게 잘 알려진 그의 타협 없는 강직한 독립 운동가로서의 모습은 사람들로 하여금 처음부터 강인한 의지를 가진 민족 영웅처럼 보이게 한다. 하지만, 그는 평범한 우리들처럼 방황하고, 길을 찾아가면서 서서히 불교 개혁가로, 독립 운동가로, 시인으로서 자리매김하였다.

1. 큰 꿈을 가졌던 청년

1879년 한용운은 충남 홍성군 출신으로 1879년 조선 시대 하급 관리였던 한응준의 아들로 태어났다고 알려져 있다. 한용운의 출가 이전 삶에 대해서는 많이 알려진 바가 없으며 한용운의 글을 통해서 그 단편을 알 수 있다. 한학을 공부했으며, 어려서부터 아버지에게서 국가를 위해

몸 바친 위인에 대한 이야기를 많이 들은 한용운은 마음속 깊이 국가와 세상을 위해 큰일을 하는 훌륭한 사람이 되고자 하는 포부를 품고 있었다. 그러다가 격변하는 국가 상황 속에서 이대로는 안 되겠다는 마음을 먹고 정처 없이 고향을 떠나 서울로 향했다. 이처럼 어릴 적 품게 된 큰 포부는 젊은 시절 그를 더 넓은 세계로 끌었다. 출가를 하고, 미국으로의 유학을 꿈꾸고, 신지식인으로서 일본에서 공부하는 기회를 갖게 하였다.

그의 글, 「나는 왜 중이 되었나」에 의하면, "나는 나의 전정(前程: 앞날)을 위하여 실력을 양성하겠다는 것과 또 인생 그것에 대한 무엇을 좀 해결하여 보겠다는 불같은 마음으로" 출가를 결심했다고 한다. 그의 출가 이유 중에 흥미로운 점은 첫 번째 이유가 자신의 미래를 위한 실력 양성을 위해 불교를 선택했다는 점이다. 보통 구한말 불교라고 하면, 조선 시대의 억불 정책으로 쇠락한 종교 또는 새로운 사상을 담기에는 낡은 종교로 기억하기 쉽다. 그런데, 당시 불교는 지금의 우리가 생각하는 것과 달리 근대화를 이끌어 갈 수 있는 자산을 가지고 있었다. 1876년 강화도 조약으로 개방을 한 후, 일본 불교 포교를 위해 일본 승려들이 대거 진출하였다. 이들은 개화파 인사들과 협력하며 정치적 세력을 확장하거나, 정기적인 불교 의식을 행하며 포교를 하거나, 조선에 신식 교육을 보급하는 활동을 지원하였다. 그렇기에 한용운 출가 당시 불교는 근대 문물을 배우며, 개인이 시대에 맞게 성장할 수 있는 공간의 역할도 했다 할 수 있다. 때문에 어릴 적 아버지를 통해 국가와 사회에 기여하는 큰 인물이 되겠다는 꿈을 가졌던 한용운은 변화하는 국가와 시대 상황 속에서 자신이 가야 할 길을 갈 수 있게 도움을 받을 수 있는 곳으로 불교를 선택한 것으로 보인다.

흥미로운 것은 당시 기독교가 새로운 문물을 소개하고 신교육을 시켰음에도 한용운은 불교를 선택했다는 점이다. 두 번째 이유가 이에 대한 답을 준다. 정처 없이 서울로 떠나 고민에 빠졌던 때, 9살 때 읽었던 『서상기(西廂記)』의 구절이 생각났다고 한다. "『서상기』의 통곡(痛哭) 1장을 보다가 이 인생이 덧없어 회의(懷疑)하던 일이라. 영영일야(營營日夜: 밤낮으로 일하며 하루하루 살아가다)하다가 죽으면 인생에 무엇이 남나. 명예냐, 부귀냐. 그것이 모두 아쉬운 것으로 생명이 끊어짐과 동시에 모두 다가 일체 공(空)이 되지 않느냐. 무색(無色)하고 무형(無形)한 것이 아니냐. 무엇 때문에 내가 글을 읽고 무엇 때문에 의식(衣食)을 입자고 이 애를 쓰는가 하는 생각으로 오류일 밥을 아니 먹고 고노(苦勞: 고민)하던 일이 있었다." 당시 인생의 의미를 찾고자 하는 마음이 그를 기독교가 아닌 불교로 이끌었던 것이다.

기존의 연구에 의하면, 한용운은 1895년에서 1899년 사이에 잠시 사찰에 머물렀었으나, 집으로 돌아와 있다가, 1904년 출가했다고 한다. 그에 대한 영웅적 신화에서는 그가 동학 운동이나 1896년 을미 의병 운동에 참여한 이후 상황이 여의치 않아 출가하였다고 하나 이는 사실관계가 다르다. 한용운은 서울로 향하던 중 불교에 뜻을 두고 절에 잠시 머물렀으나, 사정이 여의치 않아 고향으로 돌아갔다가 이후 승려에 뜻을 품고, 속리사로 갔다가 더 깊은 산골에 있는 큰 사찰인 백담사로 출가를 하여 승려로서의 삶을 시작했다.

출가하여 선 수행과 불교 경전 공부를 하였지만, 그는 탈속적 불교의 깨달음을 얻는 것보다는 세상에 대한 관심이 더 많았던 것으로 보인다. 그 스스로도 "물욕(物慾), 색욕(色慾)에 움직일 청춘의 몸이 한갓 도포(道袍) 자락을 감고 고깔 쓰고 염불(念佛)을 외우게 되었는데, 완전히 현세(現世)를 초탈(超脫)한 행위인 듯이 보이나 아마 나 자신으로 생각하기에도 그렇게 철저한 도승(道僧)이 아니었을 것이다"라고 말하고 있다. 지인으로부터 양계초의『음빙실문집(飮氷室文集)』과 세계 지리에 대한 책인『영환지략(瀛環志略)』을 받아 변화하는 세상에 대해 눈을 뜨고, 더 넓은 세상을 이해하고 싶은 마음에 유학을 꿈꾼다. 그러나, 뜻을 품어 무작정 집을 나서서 서울을 향하다 출가했을 때와 마찬가지로 조금은 무모하게 미국으로의 유학을 꿈꾸며 블라디보스토크로 향한다, 그러나 준비 없이 떠난 여행에서 일본 첩자인 승려라 오인받고 피습을 받아 큰 부상을 입는다. 큰 부상을 얻어 정신이 혼미한 상태에서 그는 관세음보살을 만난다.

아프다! 아! 그러나 이 몹시 아픈 것이 별안간 사라진다. 그리고 지극히 편안하여진다. 생(生)에서 사(死)로 넘어가는 순간이다. 다만 온몸이 지극히 편안한 것 같더니 그 편안한 것까지 감각을 못 하게 되니, 나는 이때에 죽었던 것이다. 아니, 정말 죽은 것이 아니라 죽는 것과 꼭 같은 기절을 하였던 것이다.

평생에 있던 신앙은 이때에 환체(幻體)를 나타낸다. 관세음보살이 나타났다. 아름답다! 기쁘다! 눈앞이 눈이 부시게 환하여지며 절세의 미인! 이 세상에서는 얻어 볼 수 없는 어여쁜 여자, 섬섬옥수에 꽃을 쥐고, 드러누운 나에게 미소를 던진다. 극히 정답고 달콤한 미소였다. 그

러나, 나는 이때 생각에 총을 맞고 누운 사람에게 미소를 던짐이 분하
기도 하고 여러 가지 감상이 설레었다. 그는 문득 꽃을 내게로 던진다!
그러면서 "네 생명이 경각에 있는데 어찌 이대로 가만히 있느냐?" 하
였다.

— 「죽다가 살아난 이야기」

한용운은 관세음보살의 소리에 정신을 차리고 총을 쏜 청년들로부터
도망쳐 구사일생으로 살아난다. 한 달간의 치료 이후, 다시 본국으로 돌
아와 안변 석왕사에서 머물며 참선 수행을 하다가 그가 원하던 실력을
키우기 위한 근대 교육의 기회를 얻게 된다. 1906년 서울 원각사에 설립
된 승려의 근대 교육 기관인 명진학교의 학승 모집 공고를 보고, 명진학
교에 입학하여 일본어, 서양 사상, 불교 교리를 배웠다. 그리고 조동종의
지원으로 일본 유학을 떠나 동경의 조동종대학에 입학하여 일어도 배우
고 불교도 배웠으며, 그곳에서 최린 등 당시 유학생들과 교류하였다. 그
가 일본에 머문 것은 6개월이었으나, 꿈꾸었던 유학을 하게 된 것에 대한
자부심과 일본에서 일본의 발전한 근대화를 목격하고, 한국의 상황과 비
교하면서 부러움과 비애를 동시에 느꼈던 것으로 보인다.

독립 운동가의 이미지가 너무 강하기 때문에 그동안 한용운의 일본
에 대한 호의적 태도에 대해서는 간과되어 왔다. 그러나, 국권 피탈 이전
에 한용운은 일본과 일본 불교에 대해 상당히 호의적 태도를 가지고 있
었다. 그러나 이는 한용운뿐만 아니라 당시 많은 불교 승려들도 마찬가
지였다. 그도 그럴 것이 일본의 내적 의도가 어떠하였든, 당시 일본 불교
는 차별받고 있던 조선 승려들을 차별에서 자유롭게 도와주고 교육시키

고, 물적·인적 자원의 지원을 아끼지 않았기 때문이다. 이에 가장 대표적이고, 획기적인 사건이 승려의 도성 출입 제한을 해제시켜 준 것이다. 조선 시대 때, 엄밀히는 18세기에 들어와서 승려의 도성 출입이 엄격하게 제한되었고, 허가 없이 출입한 사실의 적발 시에는 곧장 100대의 형벌이 명시되어 있었다. 이러한 엄격한 승려의 활동 제한으로, 개항 이후에 일본 승려들은 자유롭게 도성을 드나들 수 있었으나, 조선 승려들은 그러하지 못했다. 이에 1895년 일연종 포교를 위해 들어왔던 사노 젠레이가 조선 승려들의 자유로운 도성 출입에 대한 건백서를 제출하였다. 1895년 4월 23일, 고종은 스님들의 도성 출입을 윤허했다. 『조선왕조실록』에 따르면 총리대신 김홍집과 내무대신 박영효는 이날 '이제부터 승려들이 성으로 들어오지 못하게 하던 이전 금령을 해제하는 것이 어떻겠느냐'고 건의했고, 고종은 이를 윤허했다. 이렇게 도성 출입 금지가 해제되었을 때 대부분의 조선 승려들은 환호했고, 심지어 일본에 선물을 들고 찾아가는 승려까지 있었다. 당시 조선 불교인들에게 일본 불교는 선망의 대상이었으며, 불교 근대화의 모델이었으며, 든든한 조력자였다. 물론 일본 불교의 의도는 이렇게 은혜를 베풀어 조선 불교인들의 환심을 산 후 조선 불교를 일본 조동종으로 흡수시키는 것이었으나, 당시에 많은 조선 불교인들은 이를 꿈에도 생각하지 못했으며, 이후 조선 불교를 조동종으로 흡수하려는 일본의 태도에 당황하며 배신감을 느꼈다. 한용운도 이와 마찬가지였다.

귀국 후 1908년, 한용운은 조선 불교의 새로운 종단인 원종의 창종에 참여하며 조선 불교의 개혁과 근대화를 꿈꾼다. 하지만, 그의 조선 불교 개혁의 꿈은 1910년 국권 피탈 이후, 원종 종정 이회광이 조동종과 병합하는 협약을 체결하면서 무너지게 된다. 이에 한용운은 박한영과 함께 1911년 임제종 운동을 시작하여 1월에 임제종을 설립하였으나, 같은 해 6월 일제가 사찰령을 반포하고, 1912년 임제종과 원종은 해산되어 조선 불교 선교양종 각 본산 주지회가 설립된다. 사찰령은 조선 총독이 전국의 불교 사찰을 관리하는 것으로, 전국 사찰을 30개 본산으로 나누고, 각각의 주지를 조선 총독이 직접 임명하고 사찰의 경제권 등을 조선 총독이 행사하는 것이었다. 결국 조선 불교는 총독부 산하의 통제받는 종교가 되어 버렸다.

1917년 한용운은 오세암에 머물면서 참선 수행에 정진한다. "구름이 흐르거나 누군 나그네 아니며, 국화 이미 피었는데 나는 어떤 사람인가?"라는 화두를 들고 정진하던 겨울밤, 물건이 떨어지는 소리를 듣고 깨달음을 얻는다.

남아의 발 닿는 곳, 그곳이 고향인 것을
그 몇이나 나그네 시름 속에 오래 머무나.
한 소리 크게 질러 삼천세계 깨닫거니
눈 속에 복사꽃이 송이마다 붉구나.

깨달음을 얻고 그가 지은 오도송에는 큰 꿈을 가지고 있던 그가 귀국 후 겪었던 좌절과 혼란을 씻어 버린 희망찬 존재가 보인다. 이렇게 깨달음으로 새로 태어난 그는 이전과는 다르게 독립 운동가의 길을 걸어가게 된다.

2. 불교 개혁을 꿈꾸던 사상가

만해 한용운은 독립 운동가 이전에 불교 개혁가였으며, 수행하는 승려라기보다는 변화를 이끄는 지도자였다. 그는 불교적 세계관과 새로운 당시 사조를 적극적으로 접목하며, 평생을 불교 개혁과 대중화를 위해 노력하였다. 사회진화론을 받아들여, 사회는 계속해서 이상 사회를 향해 발전해 갈 것이며, 이러한 과정에 기여하지 못하는 사상과 종교는 도태되어 사라질 수 있다는 관점을 가지고 불교 개혁론을 주장하고, 동시에 사회진화론이 가지고 있는 강자 중심적 사고의 불평등성을 비판하며 더 나은 세상을 꿈꾸었다. 1920년대에는 사회주의를 수용하여 모두가 다 같이 잘사는 불교사회주의를 이야기하고자 하였다.

그는 합리적 사고, 자유와 평등이라는 근대의 핵심적 가치를 기준으로 불교의 가르침을 평가하고, 불교의 개혁 방향을 제시하였다. 1910년 『조선불교유신론』을 탈고하고, 1913년에 출판한다. 『조선불교유신론』은 17장으로 구성되어 있는데, 불교의 특징과 시대적으로 가진 장점을 우선 서술한 뒤에 개혁을 통해 현재의 문제들을 개선해야 한다고 주장하며, 구체적인 개혁 방법론을 제시하고 있다. 그는 우선 불교가 구시대의 유물이 아닌 당대와 미래의 흐름에도 적합한 종교이며, 철학임을 설명한다. 그리고 개혁해야 할 과제들로 승려의 교육, 참선, 염불 문제, 포교, 사원의 위치, 각종 의례, 승려의 결혼 문제, 사원의 관리, 승려들의 생산 활동 문제 등을 제시한다.

불교가 뛰어난 종교인 이유는 다른 종교들과 달리 참된 희망을 제시하기 때문이라 한다. 그에 의하면 모든 종교는 희망을 제시하며, 사람들이 살아갈 수 있는 힘을 주는데, 다른 종교들은 사람들이 욕심낼 만한 달콤함이 담긴 세상, 천당 같은 것이나 신을 만들어 속이지만, 불교는 그렇지 않다고 한다. 내세를 이야기하며 헛된 희망을 주는 다른 종교들과 달리, 불교는 내세로의 구원이 아닌, 현세에서의 깨달음을 목표로 한다는 점에서 뛰어나다. 달리 말해, 불교는 합리적 사고로는 알 수 없는 내세를 강조하는 대신에 내 안의 진여(참나), 자유의지를 가진 주체를 깨닫게 하는 종교라는 것이다. 그래서 그는 "불교는 지혜로 믿는 종교요, 미신의 종교가 아님을 알아야 한다"고 하였다.

두 번째로 불교가 철학적으로 뛰어난 이유는 불교에서도 근대 사상의 핵심 가치인 인간의 자유에 대해서 말하고 있기 때문이다. 불교에는 진여(眞如)라는 개념이 있다. 글자의 의미는 '참으로 그러한'이며, 이는 모든 변화하는 존재들의 참모습을 지칭한다. 다시 말해, 나라는 존재의 참된 모습이 진여인 것이다. 한용운은 양계초의 칸트와 불교에 대한 논의를 바탕으로, 불교의 진여란 칸트가 말하는 자유의지를 가진 도덕적 주체이며, 깨달음을 얻기 전의 상태인 무명(無明)은 자율성을 가지지 못한 현실 속의 자아로 이해한다. 불교에서는 깨달음을 얻기 전의 무지의 상태를 무명, 밝지 못한 상태라고 한다. 이 상태에서는 세상의 참된 모습, 불변의 실체 없이 변화하는 모습을 있는 그대로 볼 수 없으며, 자신이 지은 업의 법칙에 구속되어 살아간다. 그러나 수행을 통해 깨달음을 얻게 되면, 존재하는 모든 것들이 영원히 존재하는 실체를 가지고 있다는 생각에서 벗어나 세상을 있는 그대로 보게 되며, 업의 법칙의 움직임을 그대로 보기 때문에 변화를 줄 수 있다. 예를 들어, 욱하고 화를 내는 사람의 경우, 특정 상황에서 습관적으로 화를 낸다. 그러나 깨달음을 얻게 되면, 특정 상황에서 습관적으로 화를 냄을 그 순간 알아, 화를 멈출 수 있게 된다. 이러한 점 때문에 양계초는 진여를 칸트가 말하는 자유의지를 가진 주체로 보았고, 무명의 상태를 자율성을 가지지 못한 자아로 설명했고, 한용운은 이를 수용했다. 물론 칸트와 불교의 차이점도 있다. 한용운은 양계초의 논의를 수용하여, "다만 칸트의 경우는 개별적인 그것에만 생각이 미쳤고 만인에게 보편적으로 공통되는 진정한 자아에 대해서는 언급을 하지 못하였다. 이것으로 미루어 보면 부처님의 철리(哲理: 철학적 사유)가 훨씬 넓음을 알 수 있다"라고 말하며 불교의 우월성을 강조한다. 이 외에도 베이컨, 데카르트, 플라톤, 루소 등의 사상에서 불경과의 유사점을 찾아 비교하면서 불교가 모든 사상을 포괄하고 있는 철학임을 강조한다. 이는 모든 불교의 가르침을 포괄하는 불교가 최고의 불교라는 통불교의 사상과 연결되어 있다. 이러한 방식을 통해 한용운은 모든 철학 사상을 포괄하고, 심지어 그 이상을 이야기하고 있는 불교가 최고의 철학이며, 나아가 당시에도 유효하고 의미 있는 철학이라고 자리매김하였다.

이어서 그는 불교가 가지고 있는 핵심적인 이념, 주의를 평등주의와 구세주의라고 말한다. 불교의 평등주의는 관점의 전환을 통해 차별적 세상을 평등하게 볼 것을 이야기한다.

> 만약 불평등한 관점에서 바라본다면, 무엇 하나 불평등하지 않음이 없
> 을 것이며, 평등한 견지에서 바라본다면 무엇 하나 평등하지 않음이
> 없을 것이다. 그러면 불평등한 관점이란 어떤 것인가. 필연의 법칙에
> 의해 사물·현상이 존재하는 것을 말한다. 평등한 관점이란 무엇인가.
> 공간과 시간을 초월하여 얽매임이 없는 자유로운 진리를 말한다.
>
> —『조선불교유신론』

여기에서 필연의 법칙이란 업의 법칙이다. 업의 법칙이 작용하는 세
상의 관점에서 보면, 모든 사물과 현상들은 다양하고, 차별이 있게 된다.
내가 세상을 바라볼 때, 나를 중심으로 나와 가깝고 멀고, 나에게 이득이
되고 해가 되는 것에 따라 차별적으로 보기 때문이다. 반면, 깨달은 이라
면, 업의 법칙 너머 모든 존재하는 것들이 본래 차별이 없음을 그대로 바
라보게 된다. 그것이 평등한 견지이다. 한용운은 근세의 자유주의와 세
계주의가 이 평등주의에서 나왔다고 본다. 물론 당시의 현실은 그렇지
않았지만, 서로의 자유를 동등하게 존중하고, 세계의 인종들과 국가들을
서로 차별하지 않는 게 본래 자유주의와 세계주의의 내용이기 때문이다.
그렇기 때문에 자유주의와 세계주의는 평등주의를 지키려는 방향으로
갈 것이고, 불교는 평등주의를 핵심 이념으로 삼기 때문에 미래의 세계
는 불교의 세계라고 이야기한다. 흥미로운 점은 한용운의 예언처럼, 바
로 이 평등주의 때문에 현재 불교가 서구에서 점점 그 영역을 넓혀 가고

있다는 점이다.

또 하나의 이념은 구세주의로 이기주의의 반대 개념으로 규정한다. 한용운은 불교의 중생을 구제하려는 마음을 중시하는 구세주의를 강조하고 대중을 위한 대중 불교 활동을 전개하였다. 더 많은 이들이 경전의 내용을 보고 깨달음을 얻게 하기 위해 경전을 한글로 번역하고, 불교의 주요 구절들을 모아 놓은 역작인 『불교대전』을 집필하였으며 불교를 통해 계몽 정신, 자유의지를 고취시키는 글들을 썼다. 또한 불교 개혁론 내에서도 불교 대중화를 위한 구체적 개혁 방안과 포교 방식을 제시하기도 하였다.

이러한 이념에 의거하여 대중 불교 운동을 위해 그가 제시한 포교의 방향은 크게 계몽과 대중에게 다가가는 포교였다. 이를 위해 그는 불교 내의 미신적 요소와 기복적인 요소를 제거할 것을 제안했다. 사찰에 가면 볼 수 있는 다양한 숭배 대상들, 소승 불교의 성인들인 나한독성, 무속의 영향을 받은 칠성, 지옥을 관장하는 시왕, 그 외에 산신 등을 없애고 불상들만 남길 것을 제안한다. 그중에서도 석가모니상만 남기는 것이 가장 좋다고 보았다. 또한 복을 구하는 여러 제사들을 줄이고, 염불 기도를 행하는 염불당을 없앨 것을 제안하였다. 부처님의 이름만 부르는 거짓 염불만 가지고는 기도의 목적인 정토에 태어날 수 없기에, 부처님의 마음과 가르침과 수행을 깊이 생각하고 실천하는 진짜 염불을 할 수 있게 해야 한다는 것이다. 이처럼 제사와 기도를 통한 기복과 미신 숭배를 거부하는 그의 태도는 개인의 자각과 합리적 사유를 강조한 계몽 사상이 반영되어 있음을 알 수 있다.

나아가 마음의 정체를 밝히는 참선, 깨달음에 이르게 도와줄 수 있는 명상을 승려들뿐만 아니라 원하는 이들에게 공개할 것을 제안하였다. 흥미로운 것은 참선의 방법이다.

> 선을 닦는 데 있어서는 다 일정한 시간적 규제가 있어서 산만함에 흐르지 못하게 해야 하며, 다달이 혹은 청강을 하기도 하고 혹은 토론을 벌이기도 하고, 한편으로는 참선의 정도를 시험하고, 한편으로는 각자의 지식을 교환케 하는 것이다. 그리하여 상당한 시일이 지나 크게 얻는 바가 있을 경우에는 마땅히 저서를 내어 세상에 공포함으로써 중생을 인도케 하면, 여래의 경지에 한 번에 뛰어드는 것은, 늘 만나기를 기대할 수 없을지라도 형식상의 정신과 규제에 있어서는 어찌 법도가 서지 않겠는가.

일반적으로 참선은 언어와 지식을 벗어나 행하는 것으로 알려져 있는데, 한용운은 청강, 토론, 지식 교환을 할 것을 제안하고, 깨달음에 대해서는 글로 펴낼 것을 이야기하고 있다. 또한 따로 선방에서 할 것이 아니라 일상 속에서 어느 곳에서든 할 수 있는 것임을 강조한다. 이처럼 한용운은 참선을 일상과 합리적 언어의 세계의 영역으로 가져와서 누구나 함께할 수 있는 실천으로 만들고자 했다. 그에게 깨달음은 신비적인 체험이 아니라, 자율성이 없는 현실적 나의 모습을 깨달아 자유의지를 가진 존재로서 살 수 있는 지혜를 얻게 하는 것이기 때문이다.

한용운은 불교를 미래를 위한 위대한 철학으로 바라보고 이를 대중에게 알리고자 하였다. 그래서 산속의 사찰들을 사람들이 쉽게 접근할 수 있는 도심으로 옮길 것을 제안하고 포교를 위해 힘쓸 것을 강조하였다. 조선 시대에만 하더라도 포교라는 개념이 없었다. 불교가 전파된 지 오래되었고, 무속과 함께 불교는 조선인들의 종교적 욕구를 충족시켜 주었기 때문이다. 그러나 근대 이후 기독교가 전파되어 사람들이 개종하면서 불교의 존속 여부는 포교에 달려 있게 되었다. 스님이었던 한용운은 이를 잘 알고 있었고, 불교의 존속이 승려의 삶의 존속과 연결되는 것을 인지하고, 열성과 인내, 자애를 갖춘 포교자 양성을 강조하였다.

물론 불교 개혁의 핵심에는 승려 관련 문제들을 간과할 수 없다. 그는 승려들의 교육, 생산 활동, 결혼 문제 등에 대한 전면적 개혁을 강조하였다. 승려 교육에 있어서, 전통 승가는 불교 이론에 대한 공부 위주였고, 세상의 일에 대해서는 가르치지 않았다. 그러나, 한용운은 승려 교육은 주체성을 길러 주는 방향으로 가면서, 일반인들이 세상을 살아가기 위해 배우는 기본적인 내용들을 담은 보통학과 타인을 가르쳐 감화시킬 수 있는 사범학을 가르쳐야 한다고 보았다. 시대적 변화를 읽을 수 있게 도와주는 자연과학과 일반 교양 교육, 그리고 넓을 세상을 바라볼 수 있는 해외 유학을 권장하였다. 이는 일본에서의 유학 생활을 통해 안목을 넓혔던 경험 때문인 것으로 보인다. 또한, 자유의지를 가진 존재로서 승려들이 살 수 있게 하기 위해 승려의 교육과 경제 활동도 강조했다. 스님들의 전통적 생존 방식인 탁발과 시주가 스님들의 자율성을 침해한다고 보고, 생산적 경제 활동이 필요함을 역설했다. 그에게 주체와 자율은 근대를 살아가는 이들에게 중요한 요소였다.

그래서 한용운은 다른 승려들과 달리 생산 활동과 결혼 허용을 주장한다. 보살들의 보시를 받는 것에 빠져 보살들이 주는 것을 받아먹는 걸식에만 초점을 맞추면, 경제적 자립성이 떨어져 한 인간으로서의 자율권을 충분히 누릴 수 없다. 그래서 승려들도 농사를 짓거나 심지어 공동 경영을 통해 경제적으로 자립을 이루어야 한다고 강조했다. 또한 대중들 속에서 대중과 호흡하는 대중 불교의 확산을 꿈꾸던 그는 승려의 결혼 허용을 적극적으로 주장하였다. 승려의 결혼을 승려의 본분을 흐트러 놓는 행위로 본 다른 이들과 달리, 그는 승려의 결혼 금지를 이전 시대에 적합했던 방편이었을 뿐, 불교의 핵심적 가르침이 아니라고 보았다. 승려의 독신이 해로운 이유에 대해 그는 윤리에 해롭고, 국력을 약화시킬 수 있으며, 포교에 해롭고, 풍속에 해롭기 때문이라고 밝힌다. 윤리에 해롭다는 것은 다른 위대한 서구의 독신 철학자들처럼 큰일을 도모할 수도 없는 경우라면, 조선의 승려들이 결혼하여 아이를 낳는 것이 좀 더 자연의 섭리에 더 맞는 것이라 말한다. 그는 국가의 국력은 국민의 숫자와 비례하는데, 결혼하지 않고 승려가 되어 아이를 갖지 않는 것은 출산의 저하, 나아가서 국력의 저하로 이어진다고 보았다. 또한, 결혼하지 않은 승려들에 비해 결혼한 승려들이 불교를 공부하려는 일반인들과의 공감대를 얻기 쉽다고 생각했기에, 결혼한 승려가 포교에 더 유리하다고 보았다. 결혼하는 것이 풍속이기에 이를 따르는 게 대중과 함께하기에 좋다고 보았던 것이다.

그는 불교가 근대적인 불교, 대중 불교로 존립하기 위해서 우선적으로 승려 결혼이 허용되어야 한다고 생각하여, 심지어 총독부에 승려 결혼의 합법화를 가능하게 해 달라는 상소문, 건백서를 제출하기도 하였다. 한국 불교에서 대처 문제는 일제 강점기의 잔재로 인식되어 왔기에 한용운의 독립 운동가의 이미지가 강조되던 시절에는 한동안 이 부분은 부각되지 않았다. 이후 한용운이 대처 옹호 건백서를 총독부에 제출한 사실이 알려졌을 때에도 많은 학자들은 이를 선뜻 수용하기 힘들어했다. 하지만 고재석은 『한용운과 그의 시대』에서 한용운의 입장은 당시의 시대적 상황 속에서 이상한 것이 아님을 설명해 주고 있다. 즉, 당시에 많은 이들이 조선 왕조의 정치에 불만이 있어서 총독부의 통치를 자연스럽게 수용했었고, 그런 바탕하에서 변화를 원하는 일에 대한 건백서를 총독부에 너무 많이 보내서 자제하라는 기사가 나올 정도였다고 한다. 이런 맥락에서 볼 때, 당시 일본 유학까지 다녀오고, 승려의 결혼 문제에 대해 호의적이었던 한용운의 선택을 친일적 행위라고 단정 짓기는 어렵다. 다만, 이러한 개혁론을 제시하던 때는 아직까지는 총독부를 통해서 불교의 개혁이 가능하리라 믿었던, 1910년대라는 점을 주의해야 한다.

1914년에 그는 불교의 대중화를 위해 불교 경전을 한글로 번역하여 『불교대전』을 출판하였다. 『불교대전』은 불교 경전 중에서 중요한 구절들을 뽑아 모은 책으로, 대중이 쉽게 불교 경전을 접할 수 있게 만든 책이다. 여기에 인용된 경전들로는 『화엄경』, 『열반경』, 『유마경』, 『법구경』, 『대승기신론』 등 불교의 주요 경전이 포함되어 있다. 1918년에는 『유심』을 발간하며 불교 포교와 함께 사람들에게 민족 정신과 자유 정신을 전파하는 데 힘썼다.

한용운은 수양주의에 입각한 거사 불교 운동에도 참여하였다. 수양주의란 개개인의 잘 수양된 인성이 사회를 합리적으로 바꿀 수 있다는 이념으로 운동가들은 불교의 자아 해방에서 이 이념을 도출하고자 했다. 거사 불교 운동은 승려들만의 종교 활동이었던 불교를 지식인들의 지적 활동으로 확장한 일종의 평등 운동이었다.

한용운의 불교 개혁 운동은 단순히 불교 내의 개혁에서 그치지 않고, 사회의 개혁까지 꿈꾸었다. 당시의 사회진화론에 의한 약육강식의 법칙이 지배하는 세계를 비판적으로 보고, 불교적 평등의 세계를 주장했다. 그는 강한 나라가 약한 나라를 무시하고 차별하며 침탈하지 않는 세상, 이 인종과 저 인종을 구별하여 경쟁하지 않고 협력하는 세상을 꿈꿨다. 1920년대 사회주의와 만나고 난 후 그동안의 불교를 민중 불교의 역사로 규정하고, 이상적 국가인 불교사회주의를 꿈꾸었다. 안타깝게도 그가 『삼천리』지와의 인터뷰에서 추후에 작성하고자 했던 불교사회주의에 대한 글은 발표되지 않았기에, 그가 주장하려고 했던 불교사회주의의 구체적 모습을 논하기는 쉽지 않다. 그러나 여러 저서에 나오는 파편들을 모아 보면, 사유 재산의 축적을 지양하고 공동 협동 경제 체제를 추구하며, 만인의 경제적 평등을 꿈꾸었다는 것을 알 수 있다. 그는 불교의 이상적 평등주의에 사회주의적 아이디어를 보완한 경제적 평등주의를 주장하고자 했다.

근대의 격동기 속에서 한용운은 서양 사상에 대한 공부와 일본 유학 등을 통해 시대적 변화를 직간접적으로 체험하면서, 합리적 사고를 배우고, 자유와 평등이라는 가치를 찾아냈다. 그는 이에 맞추어 불교를 개혁하고자 했으며, 이를 위해 자유와 평등의 가치를 불교의 가르침 내에서 찾아내고, 이를 실천할 수 있는 개혁안을 제시하였다. 한용운은 불교에서 찾아낸 자유와 평등을 실천하여 궁극적으로는 좀 더 많은 이들에게 불교의 가르침을 전파하고, 억압받는 조선인들의 해방을 위해 자신을 내던졌던 사상가, 실천가였다.

3. 변혁을 꿈꾸던 독립 운동가

원종의 조동종 병합 사태와 사찰령을 겪으면서, 한용운의 일본에 대한 친밀감은 반감으로 변한다. 그리고 독립 운동가와 불교 개혁가로서 살아간다. 비록 이 둘이 다른 길처럼 보이지만, 당시 총독부의 통제를 받던 불교의 독립성을 추구한 것은 독립 운동의 한 형태로 볼 수 있다.

그는 「정교를 분립하라」에서 "정치는 인민의 표현 행위를 관리하는 것이요, 종교는 인생의 영계, 즉 정신을 정화·순화, 혹은 존성화하여 표현 행위의 근본을 함양하는 것"으로 서로 담당하고 있는 영역이 다르므로, 종교를 정치적 제도하에 두어 통제해서는 안 됨을 주장하였다. 사찰령이 정교분리의 원칙에 위배되기 때문이었다. 나아가 사찰령에 의해 구성된 조선 불교의 중앙 조직인 30본산 주지회의에 대항하며 정교분리를 지향하는 청년들을 중심으로 한 실천 단체인 '조선불교청년회'를 조직하여 불교 개혁을 추구했다.

1919년에는 잘 알려진 대로 3·1 운동 준비 과정부터 적극적으로 참여하였다. 3·1 운동으로 수감되었던 시기에는 「조선독립이유서」를 써서 발표하였다. 「조선독립이유서」는 조선이 독립을 해야 하는 이유를 조선 독립 선언의 동기와 이유로 나누어 설명하고 조선 독립이 꼭 필요한 것임을 이야기하고 있다. 독립 선언의 동기에서는 독립을 선언하게 된 배경으로 조선 민족이 독립할 만한 실력을 갖추고 있는 민족이라는 자부심, 세계 대세가 침략주의가 아니라 평화주의를 지향하고 있다는 현실과 미국 월슨 대통령의 민족자결주의를 꼽았다. 그리고 구체적인 이유로 어느 민족이나 타민족의 지배를 받고 싶어 하지 않는 민족 자존성이 있고, 역사를 지키려는 마음, 자유로운 삶을 갈구하기 때문이라고 한다. 또한 조선을 독립시켜 민족자결을 이루게 하는 것이 세계 평화를 유지할 수 있기 때문에 조선이 독립해야 함을 주장한다. 나아가 그는 당당하게 "조선 독립은 국가를 창설함이 아니라 한때 치욕을 겪었던 고유의 독립국이 다시 복구되는 독립이다"라고 말하며 조선의 즉각적 독립을 당당하게 요구하고, 일본이 조선 독립을 부인하게 되면 미국이나 중국과 전쟁하게 될 것임을 예언하였다. 이는 훗날 중일 전쟁, 태평양 전쟁으로 현실화되었다. 당시 감옥에서 이러한 이야기를 당당하게 쓸 수 있었다는 것만으로도 한용운의 강인함을 엿볼 수 있다.

　1922년 출옥한 이후에는 조국 독립을 위한 강연을 하고, 민족 계몽에 대한 글을 기고하고, 물산 장려 운동에도 참여하였다. 1926년 저항 문학의 대표작인 『님의 침묵』을 발표하였고, 1927년 신간회에 동참하였다. 그가 신간회에 동참할 때 조선불교청년회의 회원들도 함께했다. 1928년에는 유럽에서의 유학 생활을 마치고 돌아온 김법린, 백용성이 조선불교청년회를 부흥시키기 위해 '조선불교총동맹'이라 이름을 바꾸고 계속 활동을 이어 간다. 김법린을 비롯한 젊은 불교도들이 1931년 불교 비밀 결사 단체인 만당을 결성하여 한용운을 당수로 추대하였는데, 이로 인해 1937년 만당 사건의 배후로 지목받아 수감되는 고초를 겪었다.

이후 신사 참배 거부, 1940년 창씨 개명 반대 운동, 1943년 학도병 반대 운동을 벌였다. 1919년부터 그가 보여 준 행보는 항일 민족 지식인의 모습이었다. 많은 이들이 변절을 하던 1930년대에 그는 되레 일제에 저항하는 선택을 하였으며, 성북동에 심우장을 지을 때 총독부를 보고 싶지 않다는 이유로 북향으로 짓기도 하였다. 그렇게 죽기 직전까지 저항의 삶을 살았다.

4. 님을 향한 길을 걸어가다

1922년 출소 이후, 강연과 글을 통해 사회 참여 활동을 하던 한용운은 오세암에서 저술 활동에 몰두하며, 선에 대한 설명서인 『십현담』에 주석을 붙인 『십현담주해』와 『님의 침묵』을 완성시킨다. 『님의 침묵』 속의 시들 속에서 우리는 그가 찾아 헤매던 길이 님을 향해 가던 길임을 확인해 볼 수 있다.

이 세상에는 길도 많기도 합니다.
산에는 돌길이 있습니다. 바다에는 뱃길이 있습니다. 공중에는 달과
별의 길이 있습니다.

강가에서 낚시질하는 사람은 모래 위에 발자취를 냅니다. 들에서 나물 캐는 여자는 방초(芳草)를 밟습니다.

악한 사람은 죄의 길을 좇아갑니다.

의 있는 사람은 옳은 일을 위하여는 칼날을 밟습니다.

서산에 지는 해는 붉은 놀을 밟습니다.

봄 아침의 맑은 이슬은 꽃 머리에서 미끄럼탑니다.

그러나 나의 길은 이 세상에 둘밖에 없습니다.

하나는 님의 품에 안기는 길입니다.

그러지 아니하면 죽음의 품에 안기는 길입니다.

그것은 만일 님의 품에 안기지 못하면 다른 길은 죽음의 길보다 험하고 괴로운 까닭입니다.

아아. 나의 길을 누가 내었습니까.

아아. 이 세상에는 님이 아니고서는 나의 길을 낼 수가 없습니다.

그런데 나의 길을 님이 내었으면, 죽음의 길은 왜 내셨을까요.

— 「나의 길」

세상에는 각각의 존재 방식에 따라 다양한 길이 있으며, 악한 이는 죄의 길을, 의로운 이는 힘든 길을 걷게 된다. 그런데 그에게 주어진 길은 님으로 향하는 길 아니면 향하지 않는 길, 둘밖에 없고, 님으로 향하는 길만이 생명의 길이라고 한다. 숙명적인 그의 목소리에서 님이 무엇인지 궁금하지 않을 수 있다. 님에 대해 학창 시절 배울 때는 님의 의미가 조국인 '조선'이나 '깨달음'이라고 배웠다. 하지만, 여기에서 님은 단순히 조국이 아닌, 열린 대상이다. 『님의 침묵』의 '군말', 즉 머리말에서는 한용운이 직접 다음과 같이 이야기하고 있다.

'님'만이 님이 아니라 기룬 것은 다 님이다. 중생(衆生)이 석가(釋迦)의 님이라면 철학(哲學)은 칸트의 님이다. 장미꽃(薔薇花)의 님이 봄비라면 마치니(Mazzini, 1805~1872, 이탈리아의 통일을 이끈 혁명가)의 님은 이태리다. 님은 내가 사랑할 뿐 아니라 나를 사랑하나니라.
연애(戀愛)가 자유(自由)라면 님도 자유일 것이다. 그러나 너희는 이름 좋은 자유에 알뜰한 구속을 받지 않느냐. 너에게도 님이 있느냐. 있다면 님이 아니라 너의 그림자니라.
나는 해 저문 벌판에서 돌아가는 길을 잃고 헤매는 어린양(羊)이 기루어서 이 시를 쓴다.

기룬 것이란, "그리워하는 대상"을 말한다. 그렇기 때문에 모든 것이 님이 될 수 있다. 종교적 측면에서는 중생이 그리워하는 대상인 석가모니 부처가 님이며, 철학에서는 칸트가 님일 수 있으며, 자연물인 장미꽃의 님은 봄비이며, 민족주의자인 마치니에게는 자신의 국가인 이탈리아가 님이다. 자유 연애를 추구하는 이에게는 '자유'라는 가치가 님일 것이고, 또한 길을 잃고 헤매는 어린양, 달리 말하면 중생이나 조선 민족 또한 그에게는 님이다. 최남선의 님이 시종일관 조선이었던 것과는 달리 한용운에게 님은 조선이면서, 조선의 사람들이면서, 불교적 깨달음, 절대 자유이기도 하였다.

님과 사랑하는 나와의 관계는 나의 일방적인 마음이 아니라 상호적이다. 한용운은 상대도 나를 사랑한다는 굳건한 믿음을 가지고 있다. 내가 님을 향해 가는 길은 다른 누군가가 아닌 님이 만든 길이기 때문이다. 그러나 그 길이 쉽지만도 않음을 그는 삶 속에서 절실히 느꼈다. 그의 다른 시 「길이 막혀서」는 님에게 가는 길의 힘겨움을 잘 묘사하고 있다.

> 나의 손길은 왜 그리 짧아서
> 눈앞에 보이는 당신의 가슴을 못 만지나요.
>
> 당신이 오기로 못 올 것이 무엇이며,
> 내가 가기로 못 갈 것이 없지마는
> 산에는 사다리가 없고
> 물에는 배가 없어요.
>
> 뉘라서 사다리를 떼고 배를 깨뜨렸습니까.
> 나는 보석으로 사다리 놓고 진주로 배 모아요.
> 오시려도 길이 막혀서 못 오시는 당신이 기루어요.
>
> ― 「길이 막혀서」

님은 내가 그리워하는 대상이고, 추구하는 이상이다. 그 이상은 보이지만, 닿을 듯 닿지 않고, 갈 수 있을 것 같지만, 장애물이 많다. 한용운의 삶의 이상도 그러했다. 3·1 운동으로 잡을 수 있을 것처럼 보이던 조선의 독립은 이루어지지 못했고, 신문사를 인수해서 국민 계몽에 기여하고자 했던 꿈도 좌절되고, 야심차게 이야기했던 불교의 개혁론들도 이루지 못했다. 그럼에도 불구하고, 그 이상을 내려놓을 수 없는, 내려놓지 않고 굳건히 지키고자 하는 마음을 그는 자신의 시에 담았다. 다른 어떤 시보다도 「님의 침묵」은 그 희망과 의지를 잘 표현하고 있다.

아아, 님은 갔지마는 나는 님을 보내지 아니하였습니다.
제 곡조를 못 이기는 사랑의 노래는 님의 침묵을 휩싸고 돕니다.

— 「님의 침묵」

지속되는 좌절 속에서도 님과 나는 그림자처럼 떨어지려야 떨어질 수 없는 존재라는 그 믿음을 가지고 님을 향한 마음을 놓지 않는 시구는 조선 독립의 꿈과 자유로운 조선의 이상을 끝까지 포기하지 않았던 그의 삶 속에도 그대로 반영되었다. 1930년대의 신간회 활동, 총독부의 정책에 끝까지 저항하던 그의 삶은 그 믿음이 흔들리며, 길을 잃고 헤매는 이들에게 흔들림 없이 갈 것을 보여 주었다. 강건하게 신념을 지키던 그는 혼란의 시대의 이정표였다. 이러한 한용운에 대해 서정주는 다음과 같이 평가하였다.

"신시대의 시인들과 중들과, 또 그 밖의 모든 동포 중, 민족의 애인의 자격을 가진 이들은 있었으나, 인도자의 자격까지를 겸해 가진 이는 드물었고, 또 인도자의 자격을 가진 이는 있었으나, 애인의 자격을 겸해 가진 이는 드물었다. 그러나 만해만은 이 두 자격을 허실(虛實) 없이 다 가졌던 그런 분이다."

혼란기에 세상에 대한 큰 포부와 울분 속에서 길을 헤매던 젊은이는 민족의 애인이면서 인도자인 전무후무한 존재가 되었다. 그가 그리던 이상은 비록 그의 생전에는 실현되지 않았으나, 그가 남긴 글과 삶의 모습, 희망의 시가 있었기에 후대의 사람들은 그가 가던 길을 따라가며 완성시킬 수 있었다. 누구나 자신의 꿈과 이상을 향한 길을 떠난다. 그 길에는 고난과 좌절이 있지만, 희망을 놓지 않고 갈 때, 우리는 우리의 님에 도달할 수 있다. 우리가 갈 수 밖에 없는 그리움의 대상을 향해 가는 길, 한용운처럼 희망에 대한 굳건한 믿음을 가지고 갈 밖에.

박중빈,

새로운 불교를 창시하다

지혜경
연세대학교 철학연구소

소태산 박중빈(1891~1943)은 원불교의 창시자이다. 불교에 대해 특별히 따로 교육을 받은 것도 아니고, 당시 많은 지식인들처럼 유학을 다녀온 경험도 없다. 직접적으로 불교와 원불교의 법맥(法脈)의 연결성이 없음에도 불구하고 박중빈을 근대 불교 인물의 한 명으로 넣은 이유는 박중빈이 깨달음을 얻은 후, 불교의 가르침에서 연속성을 찾았고, 불교의 세계관에 기반하여 새로운 사상을 정립하였기 때문이다. 그는 당시 시대 변화 속에 고통스러운 삶을 살았던 민중들의 얼굴 속에서 부처의 얼굴을 보고(處處佛像), 이들이 더 나은 삶을 살 수 있는 삶의 방향과 방식을 제시하는 새로운 불교 운동을 벌였다.

1. 도(道)를 찾아서

박중빈은 1891년 전라남도 영광의 평범한 집안에서 태어났다. 어릴적 이름은 진섭이었고, 결혼 후 얻은 자(字)는 처화였다. 그의 일대기는 1954년(원기 39년)에 원불교 교단에서 열 가지 장면(十相)으로 정리했다.

열 가지 장면이란 ① 하늘 보고 의문 내신 상(觀天起疑相), ② 삼밭재에서 기원하신 상(蔘嶺祈願相), ③ 스승 찾아 고행하신 상(求師苦行相), ④ 강변에서 입정하신 상(江邊入定相), ⑤ 노루목에서 대각하신 상(獐項大覺相), ⑥ 영산 앞에 방언하신 상(靈山防堰相), ⑦ 혈인으로 법인 받은 상(血印法認相), ⑧ 봉래산에서 제법하신 상(蓬萊制法相), ⑨ 신룡리에서 전법하신 상(新龍轉法相), ⑩ 계미년에 열반하신 상(癸未涅槃相)이다. 일대기의 구조는 구도의 뜻을 품고(①~③), 수행을 하여 깨달음을 얻고(④~⑤), 가르침을 펴고(⑥~⑨), 열반에 들어가는 것(⑩)으로 구성되어 있다.

이 일대기에 의하면 그는 어릴 적부터 세상의 이치에 대해 관심이 많았다. 단순해 보이는 자연 현상이라도 의문을 품고 골똘히 사색하곤 하였다. 7살 때는 구름 한 점 없는 푸른 하늘을 보고 "저 하늘은 얼마나 높고 큰 것이며 어찌하여 저렇게 깨끗하게 보이는가"라는 첫 번째 의문을 품고, 이어서 "저와 같이 깨끗한 천지에서 우연히 바람이 동하고 구름이 일어나니 그 바람과 구름은 또 어떻게 되는 것인고?" 하는 두 번째 의심을 내었다. 꼬리에 꼬리를 물고 일어나는 생각의 흐름 속에서 의심이 풀릴 때까지 밤낮을 잊고 그 생각에 몰입하였다. 하늘을 연구하다가 하늘이 산에 닿은 듯한 모습을 보고 그 산에 여러 번 올라가 확인을 했다고 한다. 그의 의문은 자연 현상에서 시작하여 삶의 문제와 사회 현상에까지 넓혀져 가서 "사람이 태어나는 것은 어디서 오는 것이며 죽으면 어디로 가는 것일까", "부자인 사람과 가난한 이는 무엇이 다를까" 등의 의문을 품었다고 한다. 어린 진섭은 꼬마 철학자였다. 철학의 본질은 아이들의 소박한 질문에서 찾을 수 있는데, 철학은 당연하게 받아들여지는 것들에 의문을 가지고 질문을 던지는 것에서 시작하는 것이기 때문이다.

많은 의문과 질문 속에서 사색하던 꼬마 철학자 진섭은 11살 때 많은 질문을 해소시켜 줄 산신이라는 존재에 대해서 알게 된다. 1901년 음력 10월 15일, 선산에서 5대 이상의 조상들에게 드리는 제사인 시향제(時享祭)에 참석하였다가 본제사에 앞서서 산신에게 제사를 드리는 모습을 보고 그는 "조상의 제사인데 왜 산신에게 먼저 제사를 지내는가?" 하는 의문이 들었다. 문중 어른에게 이유를 물어보니 산신은 선산이 있는 산의 주재자이기 때문이라는 답을 들었다. 산신의 존재를 알게 된 그는 산신이 참으로 존재하는지 다시 물었고, 문중 어른은 산신의 영험함과 관련된 전설을 이야기해 주었다.

신통 불가사의한 힘을 가졌다는 산신 이야기를 듣고, 그는 산신을 만나리라는 신념을 가지고 지성으로 기도를 했다. 그 기도처가 삼밭재의 마당바위였다. 당시 그곳은 삼림이 무성하여 길도 험하고, 맹수가 나타나는 곳이라, 어린아이가 찾아가기 쉽지 않은 곳이었다. 그럼에도 불구하고 그는 만 4년 반 동안 하루도 빠짐없이 찾아가 기도를 하였다고 한다. 그의 진리와 도(道)를 향한 열망은 이렇게 강하였다. 그러나 그의 정성스러운 기도에도 불구하고 산신은 나타나지 않았다.

결국 산신을 만나려는 꿈은 포기했으나, 16세 때 우연한 기회에 『조웅전』이라는 소설의 낭송을 듣다가 사람들의 소원을 이룰 수 있게 도와주는 도사(道士)들의 존재를 알게 된다. 『조웅전』은 당시 민중들에게 인기가 있는 소설이라서 책을 읽어 주는 전기수들이 동네를 돌아다니며 읽어 주었다. 바로 그 소설 속 주인공 조웅이 여러 도사들의 도움을 받아 자신의 소망을 성취한다. 이에 박중빈은 비현실적인 존재인 산신 대신 좀 더 현실적일 수 있는 도사를 만나고자 하였다. 그래서 그는 초월적 능력을 가진 도사를 찾아 나선다. 이 기간이 그의 일대기의 세 번째 장면인 스승을 찾아 고행하신 상이다.

도사를 찾아 헤매던 그는 길에서 범상치 않아 보이는 걸인을 보면 도사가 아닌가 해서 집으로 데려와 대접을 하고, 도사가 있다는 곳에 찾아가 이야기를 나누고 함께 지내기도 하였다. 그가 도사를 찾는다고 하니 가짜 도사들이 스승이 되겠다며 찾아오기도 했다. 한번은 한 처사가 박중빈의 아버지를 찾아와 자신은 산중에서 공부해서 신통을 얻었는데, 이를 아들에게 가르쳐 주겠다며 수업료로 소를 요구하기도 하였다. 박중빈이 그에게 신통력을 먼저 보여 달라며 시험하였고, 그 처사는 주문을 외워 신장을 부를 수 있다고 호언장담하였으나 결국 실패하고 몰래 도망쳐 버렸다. 다행히 사기당하는 것을 피할 수 있었다. 16세부터 20세가 되기까지 만 5년 동안 그렇게 스승으로 삼을 도사를 찾아 헤매었으나, 모두가 거짓임을 알게 되며 점점 그 꿈도 접게 된다.

과학 기술의 발달로 초월적 존재에 대한 믿음이 사라진 현대인들의 눈으로 보면, 신선 같은 초월적 존재나 도사 같은 초인의 존재를 믿었던 박중빈이 이상하게 보일 수 있다. 그러나 당시 한국 사회는 여전히 신령스러운 존재에 대한 두려움과 믿음을 가지고 있었다. 마을마다 신단수가 있었고, 서낭당이 있었으며, 질병에 걸리면 푸닥거리를 하던 때였다. 비록 서양의 발전된 의료 기술과 과학 기술의 전파로 과거에 인간을 괴롭히던 원인을 알 수 없는 질병들과 재난을 설명할 수 있는 지식이 존재했던 시기였지만, 그것은 일부 사람들만 수용했던 지식이었을 뿐, 여전히 많은 민초들은 전통적인 믿음을 유지하고 있었다. 그러한 주변 환경 속에서 박중빈이 산신이나 도사를 찾는 것은 전혀 이상한 일이 아니었다. 사실 여전히 사람들의 마음 한 켠에는 초인 같은 존재인 도사를 만나 도사가 되고 싶다는 꿈이 있지 않은가.

만약 박중빈이 신통한 능력을 갖는 것에 초점을 맞추었다면 아마 그는 계속 그 꿈을 좇았을지도 모른다. 그러나, 그는 세상의 진리를 탐구하고자 하는 철학자였다. 그래서 진리를 배울 수 없는 무리를 찾아다니는 것을 멈추고 홀로 수행을 하여 깨달음을 얻겠다는 결심을 하게 된다. 그는 아버지의 도움으로 삼밭재에 초막을 지었다. 그런데, 초막을 다 짓고 나서 수행에 들어가기 전에 그의 든든한 언덕이며 후원자였던 아버지가 돌아가시고, 갑자기 그에게 집안을 이끌어 갈 책임과 의무가 생겼다. 그럼에도 일단은 초막에 들어가 수행을 했고, 그 과정에서 초월적 체험을 하게 된다. 불현듯 머릿속을 떠나지 않는 주문 '우주신 적기적기(宇宙神 適氣適氣)'가 떠올라 그것을 계속 외우자, 우주의 신령한 기운이 몸에 들어오는 느낌에 온몸에 열기가 오르고 떨리며, 눈앞에는 찬란한 빛이 보였다고 한다.

그러나 아쉽게도 그 체험을 이어서 수행할 수 없는 상황이 되었다. 그는 가족의 생계와 아버지가 남긴 부채를 갚기 위해 주막을 차렸다. 6~7개월 후 주막이 안정적으로 운영되자 그의 마음 한 켠에서 구도의 욕망이 일었다. 그는 주막 주변에서 적절한 곳을 찾았는데, 마침 귀영바위에 수행하기 좋은 굴이 있었다. 그곳에서 일주일쯤 집중해서 명상을 하자, 다시 이전 주문과 함께 변형된 주문인 '시방신 접기접기(十方神 接氣接氣)'를 외우게 되었다. 이 주문을 외우면서 몸과 마음이 가볍고 에너지가 차올랐다.

그러나 경제적 사정으로 수행을 멈출 수밖에 없었다. 민어 도매상을 하며 묵었던 빚은 깨끗이 갚았으나, 생계는 여전히 어려웠다. 다행히 그에게는 부인 복이 있어서 부인이 그를 대신해 살림을 꾸려 갔다. 그의 정실부인인 양 씨는 절구질과 길쌈질로 식구들을 먹여 살렸다. 설상가상으로 박중빈의 몸 상태도 좋지 않았으나 다행히도 지인의 도움으로 치료를 받게 된다. 그리고, 그 근처 경수산 연화봉에 있는 초당에 올라가 다시 수행을 시작하였다. 삶의 절박함 때문이었을까, 그는 그곳에서 배고픔, 잠, 몸의 통증을 견뎌 가며 수행에 정진하였다. 이에 어느 순간부터 깊은 선정에 자주 들어가게 되었고, 어느 순간부터는 '일타동공 일타래(一陀同功 一陀來) 이타동공 이타래 삼타동공 삼타래 사타동공 사타래 오타동공 오타래 육타동공 육타래 칠타동공 칠타래 팔타동공 팔타래 구타동공 구타래 십타동공 십타래'라는 주문을 외우게 되었다.

박중빈이 수행 속에서 만난 주문인 '우주신 적기적기', '시방신 접기접기'는 우주의 신령한 힘과 서로 감응한다는 의미이며, 세상의 모든 신령한 힘과 서로 만난다는 것이다. '일타동공 일타래 이타동공 이타래 삼타동공 삼타래 사타동공 사타래 오타동공 오타래 육타동공 육타래 칠타동공 칠타래 팔타동공 팔타래 구타동공 구타래 십타동공 십타래'의 경우는 1~10까지의 숫자가 있는 것은 분명하나, '陀'를 어떻게 해석하느냐에 따라 다를 수 있다. 임병학은 이를 불교의 용어인 아미타, 불타와 연결시켜 산스크리트어 'dha'의 음역으로 보아 '법', '깨우침'으로 보았다. 하지만, 앞의 주문과 연결시켜 생각해 보면, 타는 아미타부처와 부처의 약자로 보고 전체 주문을 부처와 하나 되는 것으로 이해할 수 있다.

연화봉에서의 수행 동안 박중빈은 약간의 신통력을 얻고, 깊은 선정의 상태에 들어갈 수 있는 단계에 이르렀다. 하지만 3개월 만에 그곳에서의 수행을 접고 다시 고향인 노루목으로 돌아왔다. 집으로 돌아온 후에도 수행을 멈추지 않았는데, 자주 깊은 삼매에 들어가게 되어서 밥을 먹다가 몇 시간 동안 멈춰 있거나, 길을 가다가도 멈춰서 무념무상의 상태에 빠졌다. 어느 날은 선진포 나루터에서 선정에 들어가 하루 종일 그대로 우두커니 서 있었다고 한다. 이것이 강변에서 입정하신 상이다.

1916년 26세 되던 해, 박중빈은 이른 새벽 명상 수행을 하던 중 크게 깨닫게 된다. 그런데, 그 깨달음의 순간에 대한 묘사가 다른 이들의 체험과 비교해 볼 때 너무나 소박하다. 단지 이전과 다른 영기(靈氣)를 느껴 문을 열고 나가 보니 "천기가 심히 청명하고 새벽별이 유난히 반짝거렸다"고 한다. 그렇다면 박중빈은 자신이 깨달았다는 것을 어찌 알았을까. 깨달음의 과정에 대해 "날이 샐 때에 어둠이 가는지 모르게 물러가고 밝음이 오는 줄 모르게 오는 것 같다"라는 그의 표현으로 볼 때, 바로 그 순간에는 그것이 깨달음인지 알지 못했던 것 같다. 이후에 마음속 깊이 느껴진 환희, 모든 의문들이 풀리고 다양한 경전 내용이 그냥 이해되는 상황, 생기 가득한 몸, 눈 덮인 산을 걷다 왔는데 신발에 눈이 하나도 묻어 있지 않았던 경험 등을 통해 자신의 깨달음을 확신하게 된 것으로 보인다.

2. 불교에 뿌리를 두다.

깨달음을 얻은 후. 그는 여러 경전들을 공부하였다. 유학에서는 『소학』·『대학』·『논어』·『맹자』·『중용』을, 불교에서는 『금강경』·『선요』·『불교대전』·『팔상록』을, 도교 계열 책으로는 『음부경』과 옥추경』을, 동학의 『동경대전』과 『용담유사』, 기독교의 신·구약 성서도 읽었다. 책을 읽으면서 그는 자신의 깨달음의 내용이 이미 기성 종교의 창시자들이 체험한 내용이라는 것을 알게 되었으며, 그 가운데에서 불교에 뿌리를 두었다.

대종사 박중빈의 언행을 모아 놓은 『대종경』은 이 상황을 다음과 같이 서술하고 있다.

> 대종사 대각을 이루신 후 모든 종교의 경전을 두루 열람하시다가 금강경을 보시고 말씀하시기를 "석가모니불은 진실로 성인들 중의 성인이라" 하시고, 또 말씀하시기를 "내가 스승의 지도 없이 도를 얻었으나 발심한 동기로부터 도 얻은 경로를 돌아본다면 과거 부처님의 행적과 말씀에 부합되는 바 많으므로 나의 연원을 부처님에게 정하노라" 하시고, "장차 회상(會上)을 열 때에도 불법으로 주체를 삼아 완전무결한 큰 회상을 이 세상에 건설하리라" 하시니라.   —『대종경』

박중빈이 이렇게 불교에 연원을 두고 뿌리를 둘 수 있는 것은, 불교가 붓다의 가르침을 직접 배우지 않고 깨달음을 얻는 이들을 인정하고 있기 때문이다. 불교에서는 깨달음을 얻은 이를 세 가지로 분류한다. 부처님 말씀을 들어서 깨달음을 얻은 성문, 부처님의 가르침을 직접 들을 기회는 없었으나, 박중빈처럼 수행을 통해 혼자 깨달음을 얻은 이를 연각(緣覺) 또는 독각(獨覺)이라고 한다. 그러나 이 두 경우 모두 자신의 깨달음에 만족하며 다른 이들과 나누지 않는다. 이 두 경우와 대비하여 위로는 깨달음을 얻으며, 아래로는 중생을 구제하기 위해 노력하는 이를 보살이라고 한다. 박중빈의 이후 삶을 보면, 중생 구제의 부분을 소홀히 하지 않았기에 보살의 면도 가지고 있다고 할 수 있다.

그와 『금강경』의 인연은 어쩌다 이어진 것이 아니었다. 『대종사약전』에 의하면, 꿈속에서 한 승려가 나타나 그에게 『금강경』을 보여 주면서 "선생님의 종지인즉 두고 잘 읽어 보십시오"라고 말하고 홀연히 사라졌다고 한다. 그래서 박중빈은 근처 사찰에서 『금강경』을 구해 읽어 본 후, 찬탄하며 제자들에게 독송 연구할 것을 권하였다. 그는 "불법은 천하의 큰 도라 참된 성품의 원리를 밝히고 생사의 큰일을 해결하며 인과의 이치를 드러내고 수행의 길을 갖추어서 능히 모든 교법에 뛰어난 바 있나니라"라는 생각을 가지고 있었다고 『대종경』은 전한다.

그리하여 1919년에 초기 제자들과 만들었던 조합 이름을 불법연구회 기성조합(佛法硏究會期成組合)으로 고치고, "이제는 우리가 배울 바도 부처님의 도덕이요, 후진을 가르칠 바도 부처님의 도덕이니, 그대들은 먼저 이 불법의 대의를 연구하여 그 진리를 깨치는 데에 노력하라"라고 하였다. 이후 1924년 익산 보광사에서 '불법연구회'라는 이름으로 포교 활동을 시작하였다. 1943년에는 불교 교리에 바탕을 둔 자신만의 교리서와 불교의 주요 경전을 모아 놓은 『불교정전』을 편찬한다. 이 책은 1962년도에 교리서인 『정전』과 불교 경전 부분인 『불조요경』으로 나누어 출판된다. 『불교정전』에 실린 책은 『금강경』, 『반야심경』, 『사십이장경(四十二章經)』, 『현자오복덕경(賢者五福德經)』, 『업보차별경(業報差別經)』, 『수심결(修心訣)』, 「목우십도송(牧牛十圖頌)」, 「휴휴암좌선문(休休庵坐禪文)」 등으로 한글 번역본도 포함되어 있었다.

『금강경』은 대승 불교의 핵심을 담은 경전으로, 모든 관념, 생각들의 실체가 공(空)하니 그에 얽매이지 말 것을 이야기하는 경전이며, 『반야심경』은 온갖 분별에서 자유로워져 어디에도 얽매이지 않는 지혜의 완성을 노래하는 깨달음의 찬가이다. 『현자오복덕경』은 수행자가 이 생에서 얻게 되는 다섯 가지 복을 이야기하는 경전이고, 『사십이장경』은 불교의 주요 교훈을 담은 경전이며, 『업보차별경』은 여러 가지 업보에 대해서 설명하는 경전이다. 지눌의 『수심결』은 마음 닦는 비결을 담은 글이며, 보명의 「목우십도송」은 마음을 소로 비유하여 소를 길들이는 모습을 가지고 깨달음의 과정을 설명한 글이며, 몽산 덕이의 「휴휴암좌선문」은 좌선이 무엇인지 설명한 글로, 박중빈의 시간과 장소에 구애받지 않고 언제나 행하는 무시선법(無時禪法)의 기본 방법을 익히는 데 도움이 되기에, 지금도 원불교 수행자는 새벽 좌선 이후 「일원상서원문(一圓相誓願文)」과 『반야심경』, 「휴휴암좌선문」을 함께 독송한다고 한다. 그가 모아 놓은 불서(佛書)를 보면, 불교의 가르침 중에 그가 중시했던 것은 공 사상과 마음을 닦는 수행임을 알 수 있다.

「일원상서원문」은 그 표현이 불교적이면서 또한 원불교의 핵심 사상을 집약적으로 담고 있다.

> 일원은 언어도단(言語道斷)의 입정처(入定處)이요, 유무 초월의 생사문(生死門)인 바, 천지·부모·동포·법률의 본원이요, 제불·조사·범부·중생의 성품으로 능이성 유상(能以成有常)하고 능이성 무상(無常)하여, 유상으로 보면 상주불멸로 여여자연(如如自然)하여 무량세계를 전개하였고, 무상으로 보면 우주의 성주괴공(成住壞空)과 만물의 생로병사(生老病死)와 사생(四生)의 심신 작용을 따라 육도(六途)로 변화를 시켜, 혹은 진급으로, 혹은 강급으로, 혹은 은생어해(恩生於害)로, 혹은 해생어은(害生於恩)으로, 이와 같이 무량세계를 전개하였나니, 우리 어리석은 중생은 이 법신불 일원상을 체받아서 심신을 원만하게 수호하는 공부를 하며, 또는 사리를 원만하게 아는 공부를 하며, 또는 심신을 원만하게 사용하는 공부를 지성으로 하여, 진급이 되고 은혜는 입을지언정, 강급이 되고 해독은 입지 아니하기로써 일원의 위력을 얻도록까지 서원하고 일원의 체성(體性)에 합하도록까지 서원함.　　　　　　　　　—「일원상서원문」

원불교에서 일원은 박중빈의 언어적 분별이 멈춘 깨달음의 세계를 형상화시킨 것으로, 그는 일원상의 원리를 "우주만유의 본원이며, 제불제성의 심인이며, 일체중생의 본성이며, … 진공묘유(眞空妙有)의 조화는 우주만유를 통하여 무시광겁(無始曠劫)에 은현자재(隱現自在)하는 것이 곧 일원상의 진리니라"라고 하였다. 이는 화엄종과 선불교에서 전통적으로 이야기하는 본래 모습, 본래 마음에 대한 서술과 일치한다. 제불제성은 모든 부처님과 성인을 말한다. 세계 전체, 성인, 그리고 일반인은 모두 같은 본래 모습을 가지고 있다. 그리고 나를 포함한 모든 존재하는 것들의 본래 모습은 대상을 구분 짓는 분별과 변화, 선악의 업보와 언어와 이름에 얽매이는 것이 없는 상태이다. 그런데, 본래 마음은 또한 대상을 만나면서 대상을 구분 짓고, 나누고 이름을 통해 다양한 세계를 인식한다. 이렇게 본래 마음은 분별과 구분을 떠나 자유로우면서도(眞空), 세상의 다양한 모습들을 품는다(妙有). 헤아릴 수 없는 오랜 시간 동안 그렇게 드러나지 않고 작용해 온 것이 우리의 본래 모습, 본래 마음이다. 「일원상서원문」은 이러한 내용을 그만의 언어로 다시 풀어놓은 것이다.

「일원상서원문」의 앞부분은 일원상의 상태가 어떤 것인지 이야기하고, 뒷부분에서는 일원상과 하나 되는 수행을 열심히 할 것을 약속하고 있다. 일원상은 수행 시 본래 마음과 하나 되는 선정의 상태이며 삶과 죽음이 시작되는 모든 존재하는 것들의 본래 성품으로 여러 존재들의 마음에 따라 육도윤회하게 하며 이 세상을 만들어 낸다. 사생은 불교에서 태어나는 방식에 따라 존재를 나눈 것으로, 알에서 태어나는 난생, 자궁에서 태어나는 태생, 습한 곳에서 태어나는 습생, 모습이 변화하는 화생이 있다. 육도는 존재들이 머무는 세계로 지옥, 축생, 아귀, 아수라, 인간, 천상을 말한다. 마음에 따라 내가 살아가는 세상은 지옥도 될 수 있고, 언제나 싸움만 하는 아수라의 세계가 될 수도 있고, 언제나 즐거움만 있는 천상의 세계가 될 수도 있다. 그렇기에 일원상과 하나 되어 마음을 잘 다스리면, 삶은 모든 고통으로부터 자유자재한 상태가 될 것이다. 이를 위해 끊임없이 수행할 것을 약속하는 것이 「일원상서원문」이다.

원불교는 불교의 핵심이 되는 가르침만을 간단하게 뽑아서 자신들의 교리로 삼았다. 불교의 핵심은 나라는 존재의 본래 모습과 하나 되기 위한 마음 수행을 하는 것이다. 오랜 기간 동안 복잡하게 이론이 발달하고, 이에 반발해서 선불교가 일어났으나 그마저도 시간의 흐름과 조선 시대의 불교 억압 정책으로 사라져 갈 때, 박중빈은 이를 간단하게 핵심을 정리하여, 새롭게 다시 시작하였다.

3. 새로운 불교 운동

새로운 운동을 시작할 때는 기존의 것이 가진 문제를 먼저 성찰해 보아야 한다. 박중빈도 마찬가지로 당시 불교가 가지고 있는 문제를 비판적으로 검토하고, 새로운 불교가 나아가야 할 바를 제시하고 있다. 그는 기본적으로 승려의 삶과 불교의 가르침을 긍정적으로 바라보았다. 비록 속세의 기준으로 보면 결혼도 안 하고, 허름한 옷차림에 탁발을 하러 다니는 승려의 모습은 굳이 따르고 싶지 않은 별종의 삶이나, 속세를 떠나 보면, 대다수는 오히려 여유롭게 도를 추구하는 삶을 살고 있다고 보았다. 또한 붓다는 세상의 본래 모습과 변화하는 세상의 모든 이치를 아는 지혜를 가지고 있기에, 수행을 통해 붓다의 지혜를 얻어 세상 사람들을 구제하는 데 힘을 써야 한다고 보았다.

『조선불교혁신론』에서 박중빈은 조선 불교가 나아가야 할 방향을 네 가지로 보았다. 새로운 불교는 ① 외방의 불교에서 조선의 불교로, ② 소수인의 불교에서 대중의 불교로, ③ 분열된 교화 과목의 통일으로, ④ 등상불(等像佛) 숭배에서 불성일원상(佛性一圓相)으로 바뀌어야 한다.

불교가 비록 중국을 통해 한반도로 전해졌지만, 수천 년이 지났는데도 모든 경전과 의례는 한문으로 진행되고 있었다. 그래서 그는 "오직 부처님의 무상대도의 요지와 시방세계 일체중생을 자비로 제도하시던 강령을 들어, 조선 명사와 숙어와 조선 문자에 혹 한문을 가하여 교리와 제도를 정선하여 이로써 초등 교과서를 정하고 부처님의 무상대도의 이치와 자비 사업의 대의를 깨치게 한 후 과거 경전은 참고적으로 가르치는 것이 좋을 것이니…"라고 말하며, 「일원상서원문」을 포함한 정전(正典)을 썼다.

불교가 대중이 아닌 일반 소수의 종교가 된 것은 경전이 한문이다 보니 일반인들이 쉽게 배우기 어려운 것도 있지만, 다른 외부적 요인도 함께 작용했다. 조선 시대 대부분의 절들은 산속 깊은 곳에 위치해 있었기에 사람들이 쉽게 접근할 수 없었고, 아무리 수행이 좋다고 한들 승려들의 삶 또한 앞서 보았듯이 속세에서 바쁜 삶을 살아가는 이들이 따라하기 힘들었다. 이러한 문제를 인지하고 있던 박중빈은 좀 더 대중화된, 일상을 살아가는 일반 신도들을 위한 불교를 제시했다. 사찰의 위치는 누구나 쉽게 접근할 수 있는 사람들 곁으로, 출가한 수행자가 아닌 재가자들도 수행하는 삶을 살 수 있게 도와줄 수 있어야 함을 강조했다. 그래서 결혼을 해도, 자식이 있어도, 일상의 일이 바빠도 할 수 있는, 일상의 삶속에서 할 수 있는 무시선법을 주창하고, 불교의 무욕적 삶을 실천할 수 있는 9가지 일상 수행의 요법을 가르쳤다.

1. 심지(心地)는 원래 요란함이 없건마는 경계를 따라 있어지나니, 그 요란함을 없게 하는 것으로써 자성(自性)의 정(定)을 세우자.
2. 심지는 원래 어리석음이 없건마는 경계를 따라 있어지나니, 그 어리석음을 없게 하는 것으로써 자성의 혜(慧)를 세우자.
3. 심지는 원래 그름이 없건마는 경계를 따라 있어지나니, 그 그름을 없게 하는 것으로써 자성의 계(戒)를 세우자.
4. 신과 분과 의와 성으로써 불신과 탐욕과 나와 우를 제거하자.
5. 원망 생활을 감사 생활로 돌리자.
6. 타력 생활을 자력 생활로 돌리자.
7. 배울 줄 모르는 사람을 잘 배우는 사람으로 돌리자.
8. 가르칠 줄 모르는 사람을 잘 가르치는 사람으로 돌리자.
9. 공익심 없는 사람을 공익심 있는 사람으로 돌리자.

심지란 마음 바탕이라 해석하며, 마음을 지칭하는 것이다. 위에서 제시된 아홉 가지 원칙에는 원불교의 핵심 교리인 삼학(三學), 팔조(八條), 사은(四恩), 사요(四要)가 모두 들어 있다. 1~3번은 삼학으로, 불교 수행자가 닦아야 할 계율, 선정, 지혜(戒, 定, 慧)를 말한다. 삼학은 전통 불교에서도 기본으로 삼는 것으로, 모든 불교의 교리도 삼학으로 정리할 수 있다. 그래서 계율은 외부에 존재하는 구체적 계율을, 지혜 또한 마음 외부에 존재하는 지혜를 담은 경전을 일컫는다. 반면 여기에서 박중빈은 이를 마음과 연결시켜 마음을 차분하게 하는 것을 정, 마음을 지혜롭게 하는 것을 혜, 옳은 행동을 하는 마음을 계로 보았다. 그리고 각각을 이루기 위해 정신 수양(情神修養)을 하고, 세상의 이치를 연구(事理硏究)하고, 행동을 할 때 옳은 일은 선택하고 나쁜 일은 잘 버리는(作業取捨) 연습을 해야 한다. 4번은 팔조로, 삼학의 수행을 돕는 네 가지와 방해하는 네 가지를 말한다. 믿는 마음(信), 분발하는 마음(忿), 일과 이치에 모르는 것을 발견하고 알고자 하는 마음(疑), 한결같이 실천하는 마음(誠)은 수행을 돕는다. 믿지 않는 것(不信), 과하게 욕심 부리는 것(貪慾), 일하기 싫어하는 마음(懶), 옳고 그름과 이익과 손해를 알지 못하는 어리석음(愚)은 삼학의 수행을 훼방 놓는다. 5번의 감사하는 마음은 사은인 천지의 은혜, 부모의 은혜, 동포의 은혜, 법률의 은혜와 연결시켜 생각해 볼 수 있다. 은혜받음을 느낄 때 감사할 수 있기 때문이다. 6~9번까지는 다른 사람과 더불어 살 때 필요한 사요와 관련된 것으로, 자신에게 적용할 때는 스스로 일을 해결할 수 있는 능력을 기르고(自力養成), 배움을 중시하고(智者本位), 내 자녀뿐만 아니라 타인의 자녀도 교육을 돕고(他者女敎育), 공공의 이익을 위해 힘쓰는 사람을 모범으로 삼아 본받는다(公道者崇拜).

이처럼 박중빈은 기존 불교의 가르침을 수용하면서도, 마음을 다스리는 관점에 초점을 맞추어 소수의 출가한 수행자가 아닌, 더 많은 일반인들이 실천할 수 있는 교리를 제시한다. 수행과 관련해서도 한국 선불교 전통으로 알려진 간화선보다는 묵조선에 가까운 수행 방법을 권한다. 간화선은 마음을 한곳에 모을 수 있게 도와주는 화두를 사용하여 명상을 하는 것이다. 반면 묵조선은 화두를 들지 않고 그냥 조용히 앉아 있는 명상을 한다. 명상을 할 때에는 마음을 집중할 하나의 대상을 두게 마련인데, 박중빈은 화두에 집중하는 것보다 배꼽 아래쪽의 단전에 집중하는 방식을 권한다. 그가 보기에 간화선의 방식은 대중적이지 못하기 때문이다.

> 간화선(看話禪)을 주장하는 측에서는 혹 이 단전주법을 무기(無記)의 사선(死禪)에 빠진다 하여 비난을 하기도 하나, 간화선은 사람을 따라 임시의 방편은 될지언정, 일반적으로 시키기는 어려운 일이니, 만일 화두(話頭)만 오래 계속하면 기운이 올라 병을 얻기가 쉽고 또한 화두에 근본적으로 의심이 걸리지 않는 사람은 선에 취미를 잘 얻지 못하나니라.
>
> ─『정전』

단전주법은 배꼽 하단전에 마음을 두기에, 인위적으로 호흡을 조절하지 않는 한 이른바 기운이 올라가는 상기병에 걸릴 확률이 적다. 반면 간화선의 화두에 집중하는 방식은 가슴 쪽 중단전에 기운이 집중되기에, 화두를 빨리 타파하고 싶은 마음에 조급증이 겹치는 경우, 상기병이 생길 수 있다. 또한 매 순간 화두에 집중하는 수행을 하는 것은 화두에 강한 의심이 생겨야 효과가 있는데, 그게 쉽지 않다. 그래서 그는 하단전에 마음을 집중하는 수행법을 제시하여 좀 더 많은 이들이 수행을 쉽게 할 수 있는 불교를 만들고자 했다.

오랜 역사만큼 불교는 그 교리가 거대한 바다보다 넓고 다양하다. 화두도 하나가 아니라 수십 가지이고, 경전은 한 권이 아니라 팔만대장경이다. 이 또한 많은 이들이 불교에 다가가기 어려운 장애 요인 중의 하나이다. 이에 박중빈은 핵심만 뽑아서 정리할 것을 제안한다. 그는 크게 일과 이치를 연구하는 과목(지혜), 정신 통일하는 수양 과목(선정), 세상에서 업을 짓는 것을 돕는 과목(계율), 셋으로 나눈다. 많은 경전 중에서 최고의 가르침과 핵심을 담고 있는 화두를 정리해서 지혜에, 염불·좌선·주문은 선정에, 계율과 과보와 세상의 은혜들에 대해 설명하는 것은 계율에 분류한다. 이에 따라 『불교정전』에 그가 담은 경전들은 지혜 부분은 『금강경』·『반야심경』·『사십이장경』으로, 계율 부분은 『현자오복덕경』·『업보차별경』으로, 선정 부분은 『수심결』·「목우십도송」·「휴휴암좌선문」으로 분류해 볼 수 있다.

그는 절에 불상을 놓고 숭배하는 대신, 불성일원상을 숭배할 것을 제안한다. 거대한 불상을 만들어 숭배하는 것은 비용이 비싸서 아무나 개인의 집에 조성할 수 없다. 이런 점 때문에 일반 신자들은 부처님을 의지하고 싶을 때 쉽게 의지할 친근한 존재라기보다는 거리감 있는 존재로 느끼게 되고, 절은 수행 장소가 아닌 시주를 하고 불공을 드리는 영업장이 된다고 한다. 뿐만 아니라 이러한 상황에서는 신도들이 부처님의 가르침을 공부할 생각을 점차 하지 않게 되며 신앙 생활에 있어서 방관자가 된다고 한다. 그래서 그는 등상불 대신 누구나 쉽게 그릴 수 있는 동그라미 모양의 일원상을 모시고 수행하라 한다. 그러면 왜 일원상일까?

부처님 말씀에 천지만물 허공법계가 다 부처님의 성품이라 하셨으니, 곧 일언으로써 그 명사를 들어 말하자면 불성이요, 불성의 형상을 그려 말하자면 곧 일원상이요, 그 일원상의 제작된 내역을 들어 말하자면, 천지만물 허공법계를 다 포함하여 조성된 것이므로, 그 일원상이 우리 중생에게 천만 가지로 은혜 주신다는 것을 사실이 드러나도록 가르쳐 줄 수가 있나니, … 복이 많고 지혜가 많은 사람은 불성일원상의 이치를 깨달아 천지만물 허공법계를 다 부처로 숭배하며, 성공의 기한 구별도 분명하여 죄복의 본원처를 찾아서 불공을 하는 고로, 무슨 서원이든지 백발백중할 것이며, 또한 죄복의 본원처를 알지 못하는 사람은 모든 서원을 등상불 한 분에게만 하며, 성공의 기한도 구별 없이 하는 것이 비유하여 말하면 부모에게 할 불공을 천지에게 하고, 동포에게 할 불공을 천지에게 하고, 법률에게 할 불공을 천지에게 하고, 일 년을 하여야 성공할 일을 한두 달 하다가 말고, 한 달이나 하여야 성공할 일을 하루나 이틀 하다가 마는 것과 같나니, 그런 사람에 있어서는 불공이 허망할 것이며 성공이 없을 것이다. 그러므로 우리는 등상불 한 분만 부처님으로 모실 것이 아니라 천지만물 허공법계를 다 부처님으로 모시기 위하여 불성일원상을 숭배하자는 것이다.

— 『조선불교혁신론』

등상불 하나와 불성을 상징한 일원상은 그 포함 범위가 다르다. 등상불과 달리 일원상은 모든 존재의 본래 모습을 의미하기에 세상의 모든 존재들과 그것을 존재하게 하는 허공까지도 다 포함하게 된다. 등상불처럼 개별적인 한 부처에 국한되지 않기 때문에 어떤 기도도 시간과 대상을 초월해서 수용할 수 있다고 한다. 흥미로운 점은 무속의 기도나 굿에 대해서 비판적인 박중빈이지만, 일원상에 기도하여 소원 성취할 수 있음을 강조한다는 것이다. 그는 기도를 통해 신적인 힘과 소통하는 것을 부정하는 것이 아니라 번지수를 잘못 찾는 것의 비효율성의 문제를 지적하는 것으로 보인다. 이는 아마도 산신을 찾고, 도인을 찾아 헤매던 그의 과거의 실패를 사람들이 하지 않기를 바라는 마음 때문이 아닐까?

그의 새로운 불교의 방향은 분명하게 불교의 대중화이다. 모든 이들에게 진리를 전하고, 모든 이가 쉽게 다가갈 수 있는 불교, 출가자와 재가자의 차별이 없는 불교, 부처와 수행자 간의 평등한 관계를 가지는 불교를 제시한다. 단순히 포교적 목적이 아니라, 모든 이들이 불교에서 가르치는 탈이분법적 사고와 마음 수행을 통해 더 나은 삶을 살기를 바라는 염원이 담겨 있다. 불교 교리에 기반하였지만, 목적이 달랐기에 새로운 체제와 새로운 형태의 불교 운동을 시작한 것이다.

4. 깨달음 이후: 처처불상 사사불공

깨달음을 얻은 이후, 그는 대중 교화를 시작했다. 처음에 그는 그동안 경전을 읽고 자신이 느꼈던 것을 이야기하는 정도로 모임을 끌어갔으나, 사람들의 관심을 끌 수가 없어서 고민 끝에 사람들의 호기심을 자극하는 치성을 드리며, 볼거리를 제공했다. 그러나 4~5개월 뒤, 잘못하면 혹세무민의 빌미를 제공하거나 다른 신흥 종교의 아류라 생각될 수 있겠다 싶어서 일반인 모두를 교화하기보다는 이후 교단을 이끌어 갈 지도자를 집중으로 양성할 필요를 느꼈다. 그래서 아홉 명의 제자를 받아들여 1917년, 교단을 설립하기 위한 조합을 설립하고, 교단을 운영할 기본 자금을 만들기 위해 물을 막아 땅을 만드는 간척 사업을 시작했다. 600미터의 방조제를 쌓아 영산 앞의 갯벌을 막아서 개간하는 것이기에, 처음에는 주변인들이 불가능하리라 조롱했고, 완성될 즈음에는 이를 탐내는 사람이 있었으나, 다행히 성공적으로 26,000여 평의 개간지를 조합 소유의 땅으로 만들어 교단의 경제적 기초를 세웠다. 이것이 그의 일대기의 여섯 번째 장면인 영산 앞에 방언하신 상이다.

방언 공사를 마친 후, 그는 열흘에 한 번씩 제자들과 산상 기도를 바친다. 계속 기도를 바치던 중 열두 번째 되던 때, 박중빈은 제자들에게 아직 하늘에 의지가 전해지지 않은 것 같으니, 인류의 구원을 위한 바른 가르침을 펼치기 위해서라면 목숨을 바칠 수 있는지 그 각오를 물었다. 다들 "그리하겠습니다"라 답하자 각자에게 단도를 주었다. 박중빈의 이러한 행동에 제자들은 다음 기도 때, 자신의 목숨을 바칠 수 있을 것이라 각오를 하고 열흘을 지냈다. 기도 날, 각자의 단도를 늘어놓은 후 죽어도 여한이 없다(死無餘恨)라 쓰인 최후의 증서에 돌아가면서 인주 없이 맨손으로 지장을 찍었다. 의식이 끝난 후 그 지장이 핏빛으로 변했다. 이에 박중빈은 하늘에 자신들의 간절한 결의가 전해졌다며 매우 기뻐했다. 증서를 태우고 그들의 성공을 확신하며, 기도 후, 제자들에게 새로운 법명을 주었다. 이것이 1919년 8월의 법인성사(法印聖事)로, 일곱 번째 장면인 혈인으로 법인 받은 상이다.

이후 제자들에게 100일간의 기도 시간을 준 후, 박중빈은 금산사에서 잠시 머물면서 원불교의 종지가 된 일원상을 처음 그리게 된다. 12월에는 변산 월명암으로 거처를 옮겨 농사짓는 선불교 개혁 운동을 행한 백학명(1867~1929)과 교류하였다. 변산 봉래산 지역에서 머물면서 법신불일원상을 중심으로 한 원불교의 교리를 정비하고『조선불교혁신론』을 지었다. 이 시기가 봉래산에서 제법하신 상이다. 1924년 봉래산에서 하산하여, 신룡리에 총본부를 짓고 '불법연구회'라는 이름으로 본격적인 교화를 시작하였다. 이것이 신룡리에서 전법하신 상이다.

박중빈의 새로운 불교는 개벽의 세계관을 수용하고 있다. 개벽은 당시 민족 종교들이 모두 가지고 있던 세계관으로 우주적 흐름과 당시 세계의 변화 속에서 새로운 문명이 도래할 것이라고 한다. 이들은 자신들이 살았던 시간을 기점으로 그 이전을 선천의 혼란한 세계, 그 이후를 새로운 질서가 확립된 이상 세계로 보았다. 그리고 새로운 문명 세계를 어떻게 맞이하여 나아갈 것인가라는 문제 의식을 가지고 기존의 전통 신앙을 수용하여 자신의 방식으로 종교 사회 운동을 시작하였다. 최제우는 유교에 기반하고, 강증산의 경우 도교에 기반하였다면, 박중빈은 불교에 기반하고 있다.

새로운 시대를 위한 삶의 방향을 제시하기 위해서는 우선 현시대의 진단에 기반해야 한다. 박중빈은 과학 기술의 발달로 물질세계는 크게 변화되었으나 정신은 그에 미치지 못하여, 인간의 삶은 풍요로워지는 대신에 물질에 휘둘려 삶이 더욱 힘들어진다고 보았다. 그래서 정신적 개벽이 필요함을 역설한다. 정신의 개벽을 위해서는 "진리적 종교의 신앙과 사실적 도덕의 훈련으로써 정신의 세력을 확장"해야 한다. 이러한 방법으로 정신의 힘을 길러, 물질문명을 필요에 맞게 활용하여 더 나은 세상, 낙원을 만들고자 하였다.

물질이 개벽되니 정신을 개벽하자.

이 모토하에 원불교는 미신 타파, 문맹 퇴치, 저축 조합 운동 등을 하며 새로운 세상을 만들기 위한 신앙 공동체로 크게 성장하였다. 그가 핵심으로 삼은 불성일원상의 가르침에 따르면 일원상을 숭배하게 되면, 천지만물 허공법계 속의 불성을 인정하게 되기 때문에 모든 존재 속에서 부처를 찾아볼 수 있게 된다. 그래서 원불교에서는 결국 머무는 모든 곳에서 만나는 모든 이들을 부처로 대하며(處處佛像), 모든 일에 있어 부처님께 불공드리듯 정성을 다하는 삶을 살라고 한다(事事佛供). 비록 박중빈은 28년간의 교화 활동을 마치고 1943년 세상을 떠났지만, 그가 남긴 삶 속에서 불교의 가르침을 실천하는 새로운 생활 불교 운동은 독자적인 종교로 발전하여 사람들의 정신 개벽을 돕고 있다.

최남선,

조선 불교의 정체성을 탐구하다

지혜경

연세대학교 철학연구소

"처……ㄹ썩, 처……ㄹ썩, 척, 쏴……아.

때린다 부순다 무너 버린다.

태산 같은 높은 뫼, 집채 같은 바윗돌이나,

요것이 무어야, 요게 무어야.

나의 큰 힘 아느냐 모르느냐, 호통까지 하면서,

때린다 부순다 무너 버린다.

처……ㄹ썩, 처……ㄹ썩, 척, 튜르릉, 꽉."

—「해에게서 소년에게」

「해에게서 소년에게」라는 유명한 시를 쓴 최남선(1890~1957)은 문명 격변기에 청년들로 하여금 강건함을 가지고, 계몽과 근대화에 뜻을 세워 나아가기를 독려하는 시를 쓰고 유명한 기미 독립 선언문을 썼다. 여러 사람들이 인정하듯이 "조선"을 님으로 삼았던 사람이었지만, 많은 이의 기억 속에는 친일파로 남아 있다. 친일파라는 꼬리표가 붙었을 때에도, 그는 자신은 조선의 정신을 지키기 위해 살아갔을 뿐이라고 말했다. 그런 그의 말을 변절자의 변명이라고 하기에는, 한국의 정체성을 세우는 데에 최남선이 남긴 흔적이 크다. 단지 한국의 정체성 세우기뿐만 아니라 불교에 있어서도, 한국 불교의 정체성을 처음으로 제시한 사람이 최남선이다. 그것이 승려도 아니고, 불교학자도 아닌 최남선을 불교 인물 열전에 포함한 이유이다.

최남선의 삶은 볼수록 흥미롭다. 그리고, 그의 삶은 우리에게 선택의 기로에서 어떤 선택을 하는 것을 옳은 선택이라 부를 수 있을 것인지 고민하게 한다.

1. 민족주의자로 20년, 변절자로 17년

최남선은 1890년 한성에서 관상감(觀象監, 현재 기상청) 관리였던 최헌규의 둘째 아들로 태어났다. 최헌규는 관상감에 근무하면서 가업이었던 한약재상을 운영하여 많은 돈을 모았다. 최헌규는 국권을 빼앗긴 이후 자신의 살림집의 일부에 박은식과 함께 조선광문회를 설립하여 민족 자료 수집 등의 사업을 적극 지원하였다.

부유한 집안의 아들이었던 최남선은 당시의 신식 고등 교육을 받을 기회를 여러 번 가졌으나 학교와의 인연은 별로 없었던 것으로 보인다. 1902년 당시 엘리트 양성소로 알려진 경성학원을 3개월 만에 졸업하고, 1904년 대한제국 장학생으로 선발되어 일본 동경부립제일중학교에 유학을 갔으나 3개월 후에 중퇴하였다. 그 이후 1906년 사비를 들여 와세다대학교 고등사범부 역사지리학과에 입학하였다. 그러나 와세다대학교에서 개최한 모의국회 행사에서 조선 국왕을 비하하는 발언에 항의하는 조선 유학생 동맹 휴학에 참여하여 퇴학당했다. 최근 연구에 의하면 그의 재학 기간은 2년 반 정도 되었다고 알려져 있다. 비록 졸업하지 못했지만, 이 당시 그가 배우고 공부한 학문적 내용들은 그의 이후 연구의 기반이 되었다. 플라톤을 접하며 철학에 눈을 뜨고, 마르크스를 통해 경제학에 관심을 가졌던 그는 이후 랑케의 역사학을 만나면서 역사학자로서 학문적 방향을 잡게 된다.

어릴 적 일찍 한글과 한문을 깨우친 최남선은 한국어와 중국어로 번역된 서양 서적을 읽고, 『황성신문』에 소개된 선교사들의 글을 읽으며 신문화를 접했다. 경성학교에 입학해서 일본어를 배워, 거기에서 일본어로 번역된 신학문 교육을 처음 받았다. 조선의 근대화에 많은 관심을 가지고 있었던 그는 막 근대화에 진입하여 변화를 겪던 일본으로의 유학 시절 동안 조선의 근대화에 기여할 방향을 찾았다. 당시 그가 초점을 맞춘 것은 출판이었다. 근대화를 위해서는 출판을 통해 새로운 지식을 소개하는 것이 가장 중요하고 의미 있다고 본 최남선은 와세다대학교를 다니면서도 잡지 출판 일에 관심을 가지고 당시 동경에서 가장 큰 인쇄사였던 슈에이기사에서 인쇄 기술을 습득하고, 유학생들의 잡지인 『대한대학생유학회보』의 편집 일을 맡아 했다. 그는 당시에 신문명을 소개하는 글을 주로 기고했고, 이때의 경험이 『소년』지 창간의 밑거름이 되었다.

동경에 머물면서, 최남선은 홍명희, 이광수와 친분을 쌓았다. 일본에서 함께 지낸 기간은 길지 않았으나, 공통 관심사 덕분에 쉽게 친해졌다. 당시 많은 유학생들은 순수 인문학보다는 경제나 법을 공부했는데, 이들은 당시 다른 유학생들과 달리 문학, 역사라는 관심을 가지고 있었다. 이후 조선의 문학, 출판계에서 함께 활동하며 '조선 3대 천재'라는 이름을 얻었다. 이들이 조선의 3대 천재로 알려진 것은 최남선이 이광수의 도움으로 발간한 『소년』지에서 함께 문단 활동을 하면서 "동경 유학생 중의 세 명의 천재"라는 칭호가 따라다녔기 때문이다. 조선 3대 천재는 국권 피탈 이후, 각각의 독립 선언서를 작성하여 발표하게 된다. 이광수는 무오 독립 선언서를 동경에서 발표하고, 최남선은 기미 독립 선언서를, 홍명희도 고종의 장례식에서 사람들의 시위를 보고 충격과 감동을 받아 괴산으로 돌아가 괴산에서 만세 운동을 주도하며 독립 선언서를 작성한다. 문학계에서 이들은 공통의 문제 의식을 가지고 활동했지만, 나중에 이광수와 최남선은 친일의 길을, 홍명희는 사회주의자의 길을 걸으면서, 해방 이후에도 두 사람은 남한에서 친일파 출신의 문학가로, 홍명희는 월북 작가로 삶을 살아갔다.

1907년 동맹 휴학 사건으로 퇴학을 당한 뒤, 최남선은 조선으로 돌아와 출판사 신문관을 설립하였다. 그가 출판 사업을 시작한 것은 일본에서 일본의 출판 산업과 함께 활발하게 발전해 가는 일본의 모습을 보았기 때문이다. 그는 수동적인 모습을 지닌 조선과 상반된 일본의 활기찬 모습을 보면서, 출판업을 통해 조선을 계몽시키고자 했다. 신문관이라는 이름은 새로운 문화를 보급시킨다는 의미로, 신문관을 통해 그는 지속적으로 근대 문화를 소개했다. 주로 서양의 문학, 역사, 과학, 지리서를 번역하여 소개했는데, 소개할 책을 선정하는 데는 요긴함, 강건함, 숭고함을 기준으로 삼았다. 요긴함이란 개인과 국가를 발전시키는 데 도움이 될 지식이 있어야 함이고, 강건함이란 개척 정신을 고취시킬 내용이어야 함이며, 일본 문학이 가진 음란함이 없는 숭고함을 가지고 있어야 했다. 이러한 배경 속에서 1908년 11월 1일 한국 최초 근대적 종합 잡지인 『소년』이 창간되었다. 당시 『소년』지의 인기는 매우 높아서 월 2,000부에서 2,500부를 인쇄했는데 매번 매진되었다고 한다. 『소년』의 창간 목적은 새로운 조선을 이끌어 갈 소년들과 그 소년들의 부모를 계몽하여 새로운 조선을 만드는 데 일조하는 것이었다. 그가 소년들에게 제시한 덕목은 자존과 독립이었으며, 뜻을 세울 것(立志)을 강조하였다. 입지는 지금 식으로 이야기하면 삶의 목표와 비전을 세우는 것이다. 목표를 세워 꿈을 이뤄 나갈 것을 강조하는 것은 예나 지금이나 다를 바 없으나, 당시 시대 상황 속에서 입지에는 단지 개인의 삶의 목표뿐만 아니라 조선의 미래에 대한 뜻을 세움도 포함되어 있었다. 이처럼 『소년』은 조선 젊은이들에게 삶의 목표와 조선 근대화라는 꿈을 심어 주려 한 잡지였기에 국권 피탈 후 일본의 탄압으로 1911년 폐간된다. 당시 신문관에서는 『소년』 외에도 『청춘』·『아이들보이』 같은 잡지 외에도 한국 고전 소설을 손쉽게 읽게 하기 위해 1913년부터 육전소설(『심청전』, 『홍길동전』, 『홍부전』, 『제마무전』, 『사씨남정기』, 『전우치전』)을 출판하는 등 조선광문회와 함께 조선의 문화 운동에서 중심적 역할을 했다.

1910년 최남선의 아버지 최헌규가 설립한 조선광문회는 신문관과 같은 건물에 있었으며, 조선광문회의 출판물들은 모두 신문관에서 인쇄하였다. 조선광문회는 한민족의 오래된 뛰어난 능력의 근원을 밝히고 한민족의 문화적 우수성을 세계에 알리는 것을 설립 취지로 삼고 한국 고전의 편찬과 간행 사업의 목적하에 고문서를 모으고, 정리하며 전통 사상을 정리하였다. 이곳은 당시 조선 지식인들의 교류 장소로, 국학 사상가들과 계몽 사상가들이 교류하며 문화적 민족 운동을 벌였다. 지금까지 알려진 고전들, 『삼국사기』, 『경세유표』, 『해동역사』, 『연려실기술』, 『열하일기』 등을 간행했는데, 오탈자가 없기로 유명하여 지금도 일제 시기 연구에 큰 도움을 주고 있으며, 소위 민중 대상의 한글 소설 『춘향전』, 『심청전』, 『흥부전』을 편집해서 한글의 보급에 도움을 주었다. 신문화 운동의 중심지, 고전 간행 기관, 한글 연구의 발상지, 애국지사의 양산박이라는 명칭도 얻었다고 한다. 이곳에서 최남선은 주시경, 박은식 등, 당시 국학 사상가, 계몽 사상가들과 모여 교류하며, 단군 사상에 크게 관심을 가지게 되었다. 그는 다른 청년들과 다르게 전통을 수용하면서 근대화를 하는 것에 관심을 가지고 구세대와의 교류를 지속했다. 전통 속에서 조선적인 것을 찾아 필요한 것을 살리며 근대화를 할 때, 조선 정신을 간직한 근대화, 나아가 독립이 가능하리라 믿었다. 그러한 믿음을 가지고, 온건한 민족주의의 노선, 자강과 독립을 위해 잠정적으로 일본에 협력하는 노선을 따르며 문화적 민족 운동을 벌였다.

잘 알려진 바대로 최남선은 1919년 기미 독립 선언서를 작성하였고, 정지용이 파고다 공원에서 이를 낭독한 후, 최남선도 민족대표 33인과 함께 체포되어 2년 8개월의 수감 생활을 하게 된다. 그 기간동안 신문관과 조선광문회는 재정적 위기에 빠졌으며, 출소 이후 1922년 신문관을 닫고, 새로운 출판사 동명사를 설립하고 『동명』 잡지를 발간하였으나 총독부의 탄압으로 1년도 못 되어 자진 폐간하고, 일간신문 『시대일보』를 발간하였다. 그는 끊임없이 출판을 통해 민족 문화 사업에 기여하고자 했으나 경영난으로 1924년 출판 사업을 그만두고, 저술에 몰두한다. 「불함문화론」(1925), 「단군론」(1926), 『살만교차기』(1927) 등 조선의 고대사와 단군에 관한 저술 외에도 박한영과 함께 전국을 여행하며 쓴 『심춘순례』(1925)와 『백두산근참기』(1926)와 그 스스로 조선 정신의 정수로 꼽는 시조를 지은 시조집 『백팔번뇌』(1926)도 이 시기에 출판되었다.

일설에서는 최남선이 출소 이후 점점 변절의 길을 걸었다고 이야기한다. 하지만, 출소 이후에도 그가 조선 문화 운동을 위해 힘쓰며 출판 사업을 지속했던 점이나, 조선어사전을 출판하기 위해서 애썼던 점이나, 조선학에 관한 글을 쓰고 국토에 대한 애정을 담은 글을 출판한 것으로 볼 때, 그의 공식적 변절은 1928년 조선사편수회 위원으로 참여한 사건으로 보는 것이 더 합리적이다. 조선사편수회는 식민사관에 의거하여 조선의 역사를 기술하던 단체로, 총독부 산하 조직이었다. 오랜 기간 함께 활동해 왔던 많은 지인들이 그 사건에 충격을 받은 것으로 알려져 있다. 그 가운데에 한용운의 일화가 유명하다. 한용운은 최남선이 조선사편수회에 들어갔다는 이야기를 들은 날 제사상을 차렸다고 한다. 이후에도 자신에게 최남선을 언급한 김홍규에게는 "아직도 최남선이 살아 있소?"라고 반문했으며, 탑골공원에서 인사하는 최남선을 모르는 체하고, 최남선이 자신을 못 알아보겠냐면서 계속 이름을 말하자 "내가 아는 육당은 이미 죽었소"라면서 차갑게 대했다고 한다. 이후, 최남선의 친일 행각은 1937년 조선총독부의 자문기관인 중추원 참의직 역임, 1939년 만주 건국대학교 교수 부임, 나아가 1940년대에는 일본과 조선을 하나로 융화시키는 융화론을 비롯하여, 태평양 전쟁에 학도병 참여 권고 글을 쓰고, 동경까지 가서 강연을 하는 행위로까지 이어졌다.

해방 이후 1949년 마포형무소에 있으면서 최남선은 자신의 죄목에 「자열서」라는 참회의 글을 쓴다. 그는 기본적으로 자신이 했던 반민족 행위 전반에 대해서는 인정하고 참회하고 있으나 그 나름의 내적 이유와 자신의 변명을 소심하게 표명하고 있다. 그가 조선사편수회 참여의 가장 큰 이유로 꼽은 것은 일생의 학문적 연구를 포기해야 하는 상황 속에서 경제적 안정과 학문 연구를 지속할 수 있었기 때문이었다고 한다. 그 이후 여러 변절 상황에 대해서 그는 자신의 행위는 유약한 성품 때문에 상황에 휘둘려 친일 행각을 했지만, 자신의 내면은 변절이 아니었다고 「자열서」에서 이야기하고 있다.

『나의 할아버지 육당 최남선』에 의하면 최남선이 조선사편수회에 참여한 것은 단군을 역사적 사실로서, 조선의 역사에 넣기 위해서였다고 한다. 결과적으로 조선사편수회에서 편찬한 조선 역사에 단군은 들어가지 않았기에 진실은 알 수 없지만, 그가 단군론을 정립하기 위해 쏟은 열정과 해방 전이나 후나 일관되게 보여 준 조선 역사 집필 작업에서 그의 항변은 진심이라 생각된다. 1922년 출소 후 그가 쓴 「조선역사통속강화 개제」의 다음 구절은 그의 변절과 애국의 공존이 가능한 심리를 이해하는 데 실마리를 준다.

"정신부터 독립할 것이다. 사상으로 독립할 것이다. 학술에 독립할 것이다. 특별히 자기를 지키는 정신, 자기를 발휘하는 사상, 자기를 구명하는 학술의 상으로 절대한 자주 완전한 독립을 실현할 것이다. 조선인의 손으로 '조선학'을 세울 것이다. 조선의 피가 속에 돌고 활발발한 대조선(大朝鮮) 경전을 우리 자리에서 우리 힘으로 만들어 놓을 것이다.… 내 광복의 북을 내 손으로 돋울 것이다."

―「조선역사통속강화개제」

국권을 빼앗긴 물리적 현실 속에서 때가 될 때까지 정신을 지키며 기회를 찾겠다는 그의 마음은 조선학을 지키지 못할 경제적 궁핍과 정치적 탄압 속에서 현실과 타협했다. 우리가 그 상황에 있었다면 어떤 선택을 하게 되었을까?

2. 민족 정체성 세우기

1) 단군과 불함 문화

최남선의 조선에 대한 애정은 컸던 것으로 알려져 있다. 그의 시조집 『백팔번뇌』에서는 '님'에 대해 자주 언급하는데, 이에 대해 홍명희는 시조집 발문에서 "육당에게는 애틋하게 사랑하는 님이 있다. … 육당의 님은 구경 누구인가? 나는 그를 짐작한다. 그 님의 이름은 '조선'인가 한다"라고 밝히고 있다. 조선에 대한 애정을 최남선은 시조를 쓰고, 조선심을 찾는 방식으로 표현하였다.

조선심은 박한영을 비롯하여 구한말 지식인들이 강조했던 개념으로,

조선심이란 조선 정신, 중국과는 다른 조선만의 정체성을 일컫는다. 당시 근대의 민족주의적 분위기 속에서 최남선은 조선의 역사, 조선의 사상, 조선의 지리에 주목하였다. 최남선은 동경에서 배운 역사지리학의 방법론을 적용하며, 단군을 기점으로 조선 역사를 정리하였으며, 박한영과 전국을 여행하며, 조선의 풍경과 조선인들의 삶 속에서 조선심을 확인하고자 하였다. 1920년 그는 처음으로 조선학이라는 명칭을 사용하여 조선심과 조선의 정체성에 대한 학문을 정립하였다.

조선 민족의 정체성을 세우는 데에 있어서 최남선이 강조했던 것은 뿌리 찾기와 역사의 체계적 정리였다. 하나의 민족이 민족으로 규정되는 데에 필요한 것은 무엇일까? 비슷한 문화적 관습도 있겠지만, 하나의 민족으로서 결속력을 갖게 하는 데 무엇보다 중요한 것은 공통으로 공유하는 이야기, 바로 역사이다. 이에 자신의 근원과 뿌리에 대한 확고하고 긍정적인 이야기를 공유하게 되면, 정체성의 기반은 튼튼해질 수 있다. 그래서 최남선은 단군 연구에 열정을 쏟았다.

1918년 『계고차존』에서 그는 단군으로부터 시작하여 부여를 포함한 한국의 고대사를 소개한다. 당시 지식인들의 호응을 받았던 대종교의 가르침에 의하면, 단군왕검은 신화적 인물로, 태백산에 내려와 조선 땅을 다스린 최초의 임금이다. 최남선은 이 단군의 이야기를 수용하면서도 단군이 1인을 지칭하는 고유명사가 아닌 제정 일치 사회의 임금을 지칭하는 명칭이라고 어원을 분석하며 설명하며 단군을 역사적 인물로 자리매김하였다.

이후 최남선은 단군의 어원을 몽고의 텡그리에서 찾으며, 단군의 의미를 제정 일치 사회의 군장이며, 무이며, 하늘의 신으로 확장한다.

> 단군이란 텡그리 또는 그 유사어의 소리를 베낌으로써 원래 천을 대표
> 한다는 군사(君師)의 호칭이 된 말에 지나지 않는다. 군은 정치적, 사는
> 종교적 장을 말하는 것인데, 원시적 의미에 있어서는 양자가 일체임
> 이 물론이다. 언어학적으로 동일한 문화권에 속한다고 생각되는 몽골
> 어의 텡그리가 천과 한가지로 무(巫)를 의미함은 인류학적으로 군주와
> 무축(巫祝)이 대체로 일월일체이며 오래된 전승에도 군주와 무축이 역
> 시 동일어로 호칭되었다는 것을 아울러 생각하면 설사 전설이라 하더
> 라도 단군이란 것이 얼마나 확고한 근거 위에 입각하는가를 알 수 있
> 을 것이다.   ─「불함문화론」

이를 뒷받침하기 위해 『삼국지 위지 동이전』에서 사용하는 천군(天君)
이라는 표현, 조선 시대에도 무를 탱굴, 당굴, 당골로 불렀던 점을 증거
로 들기도 한다. 유물은 존재하지 않지만, 역사서에 그리고 민간에서 사
용되고 있는 언어를 통해 간접적으로 단군의 실존을 증명코자 했다. 단
군의 어원을 텡그리에서 찾으면서 단군은 단순히 제정 일치 시대의 임금
이 아니라, 하늘의 신이 된다. 이를 바탕으로 그는 동북아시아의 천손 설
화들, 흉노의 탱려고도(撐犁孤屠), 동명 설화의 탁리(橐離), 주몽 설화의 천
제(天帝), 북연의 천왕(天王), 일본의 하늘에서 내려온 자손(天津日繼)을 단군
서사의 변형이라 해석하였다. 각 지역을 통괄하는 문화적 특성들을 취합
하여 최남선은 중국과 다른 새로운 동양 문화권 이론을 설립한다. 그것

이 불함 문화론이다.

1919년 감옥에 있으면서, 최남선은 붉 사상에 기반한 불함 문화론을 구상하였다. 불함이란 붉의 고어로 붉, 하늘, 신, 태양을 의미하며, 붉을 숭상하는 문화권을 일컬어 불함 문화권이라고 지칭한다. 불함 문화는 단군과 단군이 내려온 태백산을 중심에 둔 문화로, 조선의 태백산을 기준으로 아래로는 일본, 위쪽으로는 만주 지역, 서쪽으로는 몽골과 중앙아시아 지역이 공유하고 있는 문화이다.

불함 문화권의 존재를 증명하기 위해 그는 지명의 어원 분석, 신화적·민속학적 내용을 접목시키는 방법을 시도하였다. 어원 분석이란, 태백산의 '백'을 태양과 하늘과 신을 의미하는 붉의 변형 형태로 보고 여러 지명, 특히 산 이름 가운데에서 '백'이나 '백'의 지역적 변형 형태의 단어가 들어가는 지명들을 찾아 그들이 모두 불함 문화권임을 밝힌 것이다. 그에 의하면 조선에는 '백'이 들어간 산 이름이 유독 많다. "백두산을 위시하여 장백, 조백, 태백, 소백, 비백, 기백, 부백, 혹은 백운, 백암, 백마, 백학, 백화 등과 같은 명칭을 가진 산"들이 불함 문화의 증거이다. 이 외에도 단군의 어원인 텡그리와 연결시켜 'ㄷ'과 'ㅌ'이 들어간 지명이나 신 이름도 불함 문화권과 연결시킨다.

가까운 일본에서는 빛을 의미하는 '히'가 들어간 지명들, 그 가운데에 천신이 내려온 신화가 전해 내려오는 다카치호, 구지후루, 호코, 히 등이 이에 해당한다. 여기에서 후루, 호코는 붉(park)에서 r이나 k가 생략되고, p가 h로 전환된 형태이기에 언어학적으로 서로 연결되는 단어들이라고 한다. 텡그리와 연결된 일본의 덴신이나 산을 숭배하는 슈겐도에서도 불함 문화의 영향을 찾는다. 중국의 태산에 대해서도, 불함 문화로 본다. 태산의 태(太)는 대(垈)로 쓰는데, 이는 텡그리와 같은 단어인 대갈에서 온 것이라 한다. 태산의 주신은 부군(府君)이다. 부군은 대갈의 다른 표현인 대감에서 온 것이다. 그리고 태산은 벽산(碧山)이라고 하는 데, 이것도 붉에서 온 것이다. 그래서 태산은 동이족의 주산(主山)으로 본다. 최남선은 한 걸음 더 나아가 중국의 하늘을 뜻하는 글자인 천도, Tian으로 발음하는데, 이것도 불함 문화의 계통으로부터 영향을 받은 것으로 추정한다. 천과 뜻이 통하는 대(太), 태(泰), 태(台), 제(帝)들은 간략화된 것으로 보았다

나아가 저 멀리 유럽까지 'ㅂ'과 'ㅍ'이 들어간 지명을 가진 지역은 모두 불함 문화권이라 지칭한다. 카스피해 주변에서는 발칸산과 볼가강, 다게스탄과 바쿠항, 발하슈시 등을, 메소포타미아에서는 바그다드와 비루 등을, 시리아에서는 부카, 소아시아에서는 바리키세리, 발칸반도에서는 발틱, 바르나, 불가스, 부쿠레슈티, 베오그라드, 푸라그 등등의 이름에서 그 증거를 찾는다. 서아시아의 파르스, 페니키아, 파르티아, 베르셰바, 필리스티아, 페르가몬, 프리기아, 방베크, 그리스의 파르나소스, 파라다이스, 바루나 등도 붉의 명칭을 갖는다. 그중에서 발칸은 터키어로 산맥이라는 뜻으로, 발칸은 신산을 의미하는 붉은에서 유래하고, 로마 신화의 불카누스에서 나왔다고 하며 붉은이 로마에 들어가서 화산의 신으로 바뀐 것이라 하여 신화에서까지 붉 문화의 흔적을 찾는다. 인도의 브라흐마, 셈족의 바알, 바빌로니아의 벨, 그리스의 아폴론, 로마의 불카누스, 북유럽의 프리그 등은 붉의 옛날 형태인 발(par)이나 불(pul)과 깊은 관련

을 가지며, 인도의 푸루샤, 파르자냐, 바르나, 바가, 북유럽의 발드르, 발키리, 비그리드 등은 발과 관련성이 있다고 한다. 그리스의 프로메테우스, 디오니소스, 프로테우스, 헬리우스, 헤르메스, 헤라클레스, 아테나, 헤카테, 프르카 등은 '붉'의 명칭을 가진 신들인데 이들은 창조신, 지상신, 천신, 광명신, 태양신, 화신과 같은 인문적·예언적·종교적 신격이라고 한다. 현재로 보면 좀 지나친 감이 있는 주장이긴 하지만, 당시에 유행했던 어원적·민속학적 연구에서는 충분히 가능한 주장이었다.

이처럼 그는 천손 문화, 단군과 붉에 대한 어원학적 연결 고리를 통해 불함 문화의 흔적들을 전 세계 속에서 찾았다. 이는 단군과 조선을 단지 반도에 가두지 않고, 동북아를 넘어 전 세계로 확장한 것이다. 최남선은 단군을 통해 조선 민족이 중국과 다른 개별적 뿌리를 가진 민족임을 규정하고, 단군이 강림한 태백산을 새로운 문명의 흐름을 이끄는 경계로 보며, 조선은 중국과 다른 나라임을 천명하였다. 그 후 그는 단군을 중심에 두고 새로운 문명권인 불함 문화권을 주장하며, 작은 문명국인 조선을 전 세계의 중심에 자리매김하고자 했다. 비록 나라를 빼앗긴 우울한 현실이지만, 그는 조선을 전 세계 문명의 중심으로 놓으며, 민족적 자긍심을 고취하고자 했다. 이러한 그의 태도는 역사 서술에도 분명히 드러난다.

예를 들어 고대사 서술에 있어서 최남선은 기자, 위만조선, 한사군에 대해 이전 조선 후기의 역사 서술가들과는 다른 서술을 하였다. 기자나 위만이 새로운 문물을 조선에 전해 준 것이 아닌, 조선이 이미 더 뛰어난 문명을 가지고 있었음을 기술하고, 한사군의 경우 식민지 사실을 부인하지는 않았으나, 식민 지배하에서 민족적 자각과 국가적 인식이 일어나 결국 한사군을 몰아내었던 사실에 주목하였다. 이처럼 그는 식민 상황 속에서도 조선이 선진 문명을 가졌었고, 그럼에도 식민 지배를 받았었으나 불굴의 의지로 극복한 사례가 이전의 역사에도 있었음을 밝히면서, 곧 다시 독립할 수 있을 것이라는 희망을 조선인들에게 주고자 했다.

2) 조선 불교와 통불교

1910년대 개화 이후, 조선의 불교인들은 조선 불교의 정체성 세우기에 관심을 가지고 있었다. 이를 위해 1917년 권상로는 『조선불교약사』를 편찬하였고, 이능화는 1918년 『조선불교통사』를 발간하였다. 이능화의 『조선불교통사』에 대하여 최남선은 「조선 불교의 대관으로부터 《조선불교통사》에 급함」이라는 글을 남기며, 조선 문화에서 불교의 영향이 얼마나 큰지, 동양 불교 문화권에서 조선 불교의 뛰어남을 이야기하며, 뛰어난 조선 불교가 망각되고 무시되지 않게 하기 위해서, 역사의식을 가지고 불교 자료들을 좀 더 정리하고 연구할 것을 권유한다. 이 글에서 그는 조선 불교가 단지 중국에서만 전래된 것이 아니라. 인도에서 직접적으로 전해진 것이기도 하다고 주장한다. 학자들의 연구에 의하면 가야국의 수로왕비 허황후가 인도 출신으로 결혼할 때 불교를 함께 전파했다고 한다. 이렇게 조선의 불교는 두 경로를 통해서 들어온, 중국의 아류가 아니며, 인도와 중국에서 전래된 불교를 종합 발전시켜, 이후 일본으로 전한 뛰어난 불교라고 그는 말한다. 그러한 조선 불교가 쇠퇴하여 그의 시대에 다른 어떤 지역의 불교보다도 미약한 상태가 되었음을 안타깝게도 여겼다.

최남선은 일본 유학 이후, 불교를 조선심을 간직한 보고로 보고, 박한영과 불교에 대해서 깊이 있게 공부를 했으며, 박한영과 전국의 사찰을 돌면서 불교 문화가 조선에 얼마나 깊이 있게 전해 내려오고 있는지 확인했다. 비록 해방 이후 조선을 개혁하고 새롭게 나아가는 데 가톨릭이 적합하다는 생각과 개인의 영혼의 구제를 소망하며 가톨릭으로 개종했지만, 그의 일생은 불교와 함께했었다.

1930년 그는 한국 불교사에 지속적으로 영향을 끼칠 중요한 논문 「조선불교: 동방문화사상에 있는 그 지위」를 『불교』 74호에 발표한다. 이 글은 7월 하와이에서 개최된 범태평양불교청년대회(The First General Conference of Pan-Pacific Young Buddhist Associations)에서 한국 불교를 소개하기 위해 쓴 원고였으며, 최봉수가 "Korean Buddhism and her Position in the Cultural History of the Orient"로 축약해서 번역해서, 7월 21일 회의장에서 팸플릿 형태로 배포하였다. 이 글에서 최남선은 조선의 불교가 기존 불교의 이론적·실천적 결함을 보완하여 온전한 불교로 만들 사명을 부여받았으며 이를 성공적으로 이루었다고 보았다. 이를 최남선은 "인도 및 서역의 서론적 불교, 지나(支那)의 각론적 불교에 대하여, 조선은 최후의 결론적 불교를 건립하였음에 있는 것이다"라고 표현하고 있다.

이 글은 9개의 부분으로 구성되어 있다. 1절에서는 조선이 반도로서 동서 문화가 교류하는 곳임에도 제대로 평가받지 못하고 있는 현실을 언급하고, 2절과 3절에서는 불교가 동쪽으로 전래되는 역사를, 3절에서는 동쪽으로 전파되면서 교리적 발전을 이루었고, 그 결실을 조선에서 맺었음을 설명하고 있다. 그가 보기에 가장 발전된 심오한 불교의 종파는 화엄종이었으며, 원효의 해동종이야말로 화엄종 가운데에서도 독자적 발전상을 갖춘 가장 발달된 형태로 보았다. 4절에서는 불교를 완성시킨 원효의 통불교에 대해서 설명한다. 그가 원효의 불교를 완전히 발달한 불교의 형태로 보는 이유는 첫째, 이론적으로 화엄종의 가르침을 독자적으로 잘 정리하였고, 둘째, 이론적인 면에서 그치지 않고 원효 스스로 자신의 지위를 버리고 일반인들에게까지 불교를 쉽게 전파하며 실천까지 조화를 이루었고, 셋째, 모든 불교의 종파를 다 넘나들며 아우르는 통불교이기 때문이다. 그래서 그는 말한다.

> 효성(曉聖)을 불교의 완성자라고 함에는 그 쉬운 수행법과 그 보급에 대한 공적 외에 한층 더 거대한 가치 창조가 있음을 알지 않으면 안 된다. 그것은 효성(曉聖)의 불교가 불교적 구제의 실현인 일면에 다시 통(通)불교, 전(全)불교, 종합(綜合)불교, 통일(統一)불교의 실현인 사실을 간과해서는 안 된다. … 분열(分裂)을 통일(統一)로, 파별(派別)을 화회(和會)로, 속성분화(屬性分化)의 절령(絶嶺)에 달한 당시의 불교는 새로이 일생명체(一生命體)로의 조직과 및 그 힘있는 표현을 요구하였다.
>
> — 『불교』, 「조선불교: 동방문화사상에 있는 그 지위」

그는 다양한 종파 불교들을 통합하여 하나의 새로운 살아 있는 불교로 완성시킨 것이 원효라고 보았다. 최남선이 이때 제시한 통불교론과 원효의 가치는 이후 한국 불교의 정체성을 규정하는 중요한 담론으로 활용된다. 통합적 불교를 이상적 불교로 볼 수 있으나, 문제는 이러한 그의 해석이 전체주의적 사회 질서와 맞물리면서 해방 이후 불교학자들이 국가 중심의 전체주의적 가치를 뒷받침하는 데에 활용되었다는 것이다. 조명기의 경우 한국 불교의 특징을 통불교, 총화불교라 표현한다. 총화불교란 모든 가르침의 대립성을 극복하고 붓다의 권위로 회귀하는(萬法歸一) 불교를 말하며, 이로 인해 통불교는 단순한 통합이 아닌 하나의 완전체로의 회귀라는 하나의 방향성을 갖는다. 여기에서 붓다의 권위는 국가의 권위를, 하나의 완전체로의 회귀는 개발자들이 국가 안에서 하나의 완전체가 되는 것으로 적용된다. 박종홍의 경우 원효의 통불교 사상을 상이한 이론과 해석의 쟁론을 중재하고 통합한 사상으로 평가하며, 화쟁의 논리로 설명하고자 했다. 이때의 화쟁은 통합에 초점이 맞추어져 다양한 목소리 간의 소통보다는 국가의 이익과 질서라는 기준하에 하나의 통일된 의견을 산출해 내는 것으로 활용되었다.

이러한 사상적 부분뿐만 아니라, 문화 미술적 측면에서도 조선 불교의 우수함을 5절에서부터 설명하고 있다. 5절에서는 조선 불교 예술의 위대함을 이야기하며 석굴암을 설명하고, 6절에서는 불교 경전을 결집하여 신앙으로 국가를 지키려 했던 고려의 대장경 사업과 조선에서 밀교 경전을 모아서 출판한 일을 높이 평가하였다. 이어 7절에서는 불교 전파에 있어서 조선 불교의 역할을 설명하며 일본과 만주 지역에 불교를 전달한 사실을 설명한다. 8절에서는 일본 불교와 조선 불교의 관계를 아들과 어머니의 관계로 규정하며, 조선 불교의 우월성을 드러낸다. 9절에서는 다시 한번 불교를 통해 조선이 동방 문화의 중심임을 재천명한다.

최남선이 규정한 한국 불교는 조선적 독창성과 불교의 세상을 구하는 기능을 충분히 발휘해서 이론과 실행이 원만히 융화된 불교이며, 기존 불교의 이론적, 실천적 결함을 보완한 온전한 불교이다. 이렇게 그는 조선 민족의 불교의 정체성을 세웠다.

이렇게 조선의 역사와 조선 정신의 우월성을 강조하던 그가 친일자가 되어 내선일체론을 뒷받침하는 글을 쓸 수 있었던 것은 무엇일까? 이는 그의 학문 방식의 한계에서 찾아볼 수 있다. 그가 주장했던 불함 문화론의 분석 방법은 시라토리 구라키치가 동원한 비교언어학이었다. 그는 비교언어학을 객관적인 것이며 언어가 선사 시대를 재현해 주는 열쇠라 믿었다. 그는 연구를 통해 일본 문명이 유럽 문명보다 열등하지 않은 우수한 문명임을 인류학, 인종학, 언어학 등을 동원하여 밝히고자 하였다. 동시에 중국과는 분리된 일본만의 독특한 문명권을 설명하고자 몽골, 일본의 연관성에 주목했다. 최남선은 바로 이 사람의 이론과 방법론을 수용하여 일본이 아닌 조선을 중심에 두고자 했다. 마찬가지로 통불교론의 경우도 일본 메이지 불교 때 형성된 이론으로 일본 불교를 이해하는 주요 틀로 수용됐었다. 한국에는 무라카미 센쇼의 『불교통일론』이 1912년 소개되어 불교 지식인들에게 알려졌다. 박한영은 1916년 『조선불교월보』에 이노우에 세이코의 『통불교』 내용을 소개하기도 했다. 최남선은 당시에 유행하던 통불교론을 수용하여 조선 불교의 특성으로 규정한 것이다. 최남선은 일본 학자들의 연구를 수용하여 조선 문명의 우월성을 증명하고자 했다. 그 과정에서 발생하게 되는 쟁점은 조선이 발전된 문명을 일본에 전파시켜서 개화시켰는지, 아니면 조선에게 전달받은 내용을 일본이 심화·발전시켰는지가 될 수 있다. 변절 이전에는 최남선에게 조선의 문명과 조선의 불교가 중심이며 완성체였으나, 변절 이후에는 일본이 순수 정수를 간직한 문명이고, 일본 불교가 가장 진화된 최종 완성체라는 주장을 그대로 수용하게 된다. 새로운 주장을 수용하여 내 것을 설명하는 방식은 많은 학자들이 사용하는 방식이기에 그 자체는 문제 될 것이 없다. 하지만, 당시의 특수성, 일본과 조선의 힘의 불균형은 언제든 이 방식이 다르게 해석할 수 있다는 문제가 잠재되어 있었다.

3. 민족 정체성의 확인: 국토 순례

구한말과 일제 강점기에 여행이란 여가 활동이라기보다는 습득한 지식을 직접 확인하는 기회였다. 최남선은 민족 정체성, 조선심을 조선의 국토 여행을 통해서 재확인하는 시간을 가졌다. 그는 1920년대에 박한영과 함께 지리산, 금강산, 백두산을 함께 여행하며, 조선의 국토와 불교의 유적들 속에서 조선의 뛰어난 역사와 삶을 직접 체험하였다. 나아가 『풍악기행』, 『심춘순례』, 『백두산근참기』, 『금강예찬』 등의 여행기를 통해 사람들에게 국토에 대한 애정과 민족 정신, 단군을 중심으로 한 조선심을 고취시키고자 했다.

그는 금강산과 백두산을 단순한 산이 아닌 민족의 정기가 담겨진 성지로 보았다. 금강산은 고래로부터 조선인을 인도하는 "구원한 빛과 힘"이며, 조선인들의 마음과 뜻이 담긴 "물적 표상"인 조선인의 "정신적 최고

전당"으로 보았다. 그리고 백두산은 단군이 강림한 곳으로서 민족의 뿌리이며, 백두산의 천지는 민족의 거울이고, 민족의 신령스러운 샘이며, 진리의 우유라고 보고 있다. 조국의 국토를 통해 민족 정체성을 확인하고 주체성을 세우는 그의 마음은 천지에 대한 다음의 시조에서 잘 드러난다.

일심으로 백두천왕(白頭天王)께 귀명합니다.

우리 종성(種姓)의 근본이시며,

우리 문화의 연원이시며,

우리 국토의 초석(礎石)이시며,

우리 역사의 포태(胞胎)이시며,

우리 생명의 양분이시며,

우리 정신의 편책(鞭策)이시며,

우리 이상(理想)의 지주이시며,

우리 운명의 효모(酵母)이신

백두대천왕 전에

일심으로 귀명합니다.

일심으로 백두천왕께 귀명합니다.

세계의 서광인 조선국을 안흐섯든 품이시며

인류의 태양이신 단군 황조(檀君皇祖)를 탄육(誕育)하신 어머님이시며

그만 깜깜해질 세상이어늘

맨처음이자 가장 큰 횃불을 들엇든

봉수대(烽燧臺)이시며

횅한 벌판에 어대로 갈지

길이 끈키고 방향도 모를 때

웃둑이 소스사

만인 만세의 대목표되신

백두대천왕 전에

일심으로 귀명합니다.

일심으로 백두천왕께 귀명합니다.

"내가 여긔 섯기까지

내 겨드랑 밋헤와 무릅 알에와 발 압헤

뽑힌 백성 조선 사람 아닌 다른 아모의 궁둥이가 억지로 들어오거나

발자곡이 오래도록 멈을게 할 리 만무하리니

조선아, 조선인아

어떠한 사나운 비바람이 닥처올지라도

한때의 시련은 모를 법호되

결코 오랜 핍박(逼迫)으로써

너를 능학(凌虐)할 리 업슬 것을 미드라

내가 여기 섯노라" 하시는

하누님 백두대왕 전에

일심으로 귀명합니다.

　　　　　　　　　　— 『백두산근참기』, 「대백두대천지탄덕문」

그에게 금강산과 백두산은 단지 자연이 아니라 일종의 민족 신앙의 대
상이다. 한때 대종교에 몸담았던 그에게 백두산, 그리고 텡그리의 현신
의 모습인 금강산은 단군을 중심으로 세운 조선 민족의 정체성의 현존하
는 신성한 모습 그 자체이다. 백두산 기행을 마치면서 남긴 위 시조를 통
해 최남선은 백두산의 강건한 기운을 통해 일제 치하의 핍박을 견뎌 내
자는 메시지를 조선 민족에게 보내고 있다.

안타깝게도 최남선은 이후 조선사편수회에 참여하여 친일의 길을 걷
게 된다. 그의 변명은 단군을 지키고, 역사를 남기기 위해서였다고 한다.
온건한 민족주의의 노선을 걸으며, 문화적 민족 운동을 벌여 온 그가 살
아온 길을 생각해 보면, 더군다나 일제의 통치가 끝날 것이라는 희망을
잃은 상황에서라면, 그의 선택을 전혀 이해 못 할 것도 아니다. 강경하게
저항하여 왜곡된 역사가 영원히 남게 하는 것보다는 협력하여 제대로 된
역사를 남기는 게 더 나을 수 있기 때문이다. 하지만 그의 순간의 선택은
그를 점점 더 친일의 길을 걸어가게 했다. 기미 독립 선언서를 썼던 인물
이 조선의 젊은이들에게 일본의 전쟁에 참여하라는 글을 쓰고 연설을 한
것을 어떻게 수용할 수 있을까.

1990년대 호랑이 모습의 한반도 지도가 사람들에게 알려지기 시작했
다. 그 이전까지 많은 이들은 한반도의 형상을 토끼라고 배웠고, 외세에
시달리던 유약한 모습의 토끼가 우리의 슬픈 역사를 상징한다고 들었
다. 강인하고 대륙을 향해 뻗어 나가는 호랑이 한반도 지도는 우리 민족
의 역사를 다르게 볼 수 있는 시각을 제시하였다. 이 지도는 당시 누군가
가 갑자기 만든 게 아니라, 1908년 최남선이 1903년 고토 본지로가 한반

도를 토끼 모습이라 한 것을 비판하며 『소년』지에 소개한 지도였다. 근대화를 성공적으로 성공시켜 세계로 뻗어 나가는 조선을 꿈꾸며 대륙을 넘어 강인하게 뛰어가려는 힘을 가진 호랑이 지도를 그린 것이다. 처음부터 끝까지 최남선은 조선의 정체성을 정립하고 지키기 위해 노력했고, 불교를 통해서 조선의 우수성을 드러내고자 했다. 그의 노력은 한국인들이 일제 강점기에 민족의 자긍심과 주체성을 지키는 데 도움을 주었다. 물론, 그의 친일 행각이 애꿎은 조선의 청년들을 사지로 본 것도 사실이다. 그가 친일파인 것은 사실이지만, 과연 그의 변절을 비난만 할 수 있을까? 우리가 그 시대에 살았다면 어떤 선택을 하게 되었을까?

백성욱,

성속(聖俗)을 넘나들다

성청환

동국대학교 인도철학불교학연구소

백성욱(白性郁, 1897~1981), 일명 백준(白埈)의 호는 무호산방(無號山房)으로, 그는 승려이면서 최초로 유럽에서 불교학을 접한 지식인이다. 동시에 현실 정치에 직접 참여한 정치인이면서, 교육자이자 행정가이기도 하다. 한편으로는 불교 수행의 전통적 방법을 계승한 수행자의 면모도 지니고 있다. 성(聖)과 속(俗)을 자유롭게 넘나들던 그의 일생은 그 자체로 한국 근현대사의 한 단면을 축약해서 보여 준다.

백성욱은 지금의 서울 연지동에서 백윤기(白潤基)의 장남으로 태어나, 곤동학교(壼洞學校)에서 수학하고, 이후 1904년 서당에서 출가하기 전까지 한문을 공부한다. 그는 일찍이 부모를 여의었고, 열네 살이 되던 1910년 7월경, 서울 정릉의 봉국사(奉國寺)에 최하옹(崔荷翁)을 은사로 출가하여 승려의 길에 들어서게 된다.

이후 전국의 불교전문강원에서 불교를 학습하고, 1917년 동국대학교의 전신인 불교중앙학림에서 본격적인 불교 공부를 하게 된다. 이후 그는 거처를 상해로 옮기게 되고 그곳에서 1919년 3·1 만세 운동과 임시정부에 참여한다. 중국에서 일 년 가까이 머문 후, 그는 프랑스 파리로의 유학길에 오른다. 파리의 보배(Beauvais)고등학교에서 일 년간 수학한 후,

그는 다시 독일로 향하여 배움의 길을 이어 간다.

그는 독일 바이에른주에 위치한 뷔르츠부르크(Würzburg)대학교로 약칭되는 '율리우스 막시밀리안 뷔르츠부르크대학교(Julius-Maximilians-Universität Würzburg)'에 입학한다. 1582년에 설립된 이 대학은 로마 가톨릭 신학 연구의 중심지로 인문학 연구 기반이 강한 학교이다. 그는 여기에서 『불교순전철학(佛敎純全哲學)』이라는 논문을 제출하고, 1925년 9월 9일에 서울로 돌아온다.

귀국 직전에 그는 잡지 『불교』에 「불교순전철학」을 차례로 연재하고, 귀국 이듬해에 모교인 중앙불교전문학교에서 교수로 활동한다. 이 시기에 『금강경』을 비롯한 『화엄경』, 『선문염송』, 『조론』, 『보장론』 등의 다양한 불교 경전들을 강의하며, 선진 학문의 경험을 대학에서 베푼다. 동시에 사회적 강연과 잡지에 기고하는 등의 활발한 활동도 이어 간다. 그러다가 홀연히 1928년, 1차로 입산(入山)하여 수행에 전념한다. 그 중간에 다시 대외적으로는 1929년 1월에 김법린(金法麟), 김상호(金尚昊), 도진호(都鎭鎬) 등과 주축이 되어 조계사의 전신인 각황사(覺皇寺)에서 '조선불교선교양종승려대회'를 개최한다. 이때 불교의 종헌(宗憲) 등의 주요한 법률을 제정하고, 행정 기관을 정비하여, 불교 중흥을 도모한다.

그러나 백성욱은 그 후 곧바로 홀연히 금강산에 있는 장안사(長安寺)의 안양암(安養庵)으로 다시 입산하여 홀로 수행자의 길을 걷는다. 이후 그를 따르는 사람들이 많아지자 지장암(地藏庵)으로 장소를 옮겨 대중과 함께 수행을 이어 가지만, 그의 수행 공동체는 암울한 시대 상황과 맞물려 10여 년 만에 강제로 해산하게 된다.

10년의 입산수도(入山修道) 후에 그는 다시 서울로 복귀하고, 그의 나이 48세에 광복을 맞이한다. 이후 그는 현실 정치에 직접 뛰어든다. 1946년 이승만과 함께 건국 운동에 참여하고, 1950년에는 내무부장관으로 취임한다. 이후 부통령 후보로 대선에 나가기도 하였으며, 1953년 8월에 동국대학교 총장으로 취임하고, 중간에 잠시 이사장도 겸직한다. 다시 그는 세상과 거리를 두면서 1961년 경기도 소사동에 『금강경』 수행도량 '백성목장'을 개설하여, 수행 공동체를 결성하여, 후학을 지도하면서 생활하다 1981년 입적한다.

1. 백성욱의 학문 세계

백성욱은 유럽 유학을 한 최초의 한국 승려이며, 이는 최초로 근대 불교학 방법론을 학습하였다는 의미이다. 그는 불교를 "실제적 현실로부터 구득(求得)한 진리를 철학적 견지에서 각개의 주관을 떠난 객관적 지위에서 연구하는 의식 철학이다"라고 규정한다. 그리고 불교를 신을 섬기는 다른 종교와도 구분되며, 일반적인 고담준론에 그치는 단순한 이론철학과도 구별되는 실존철학이며 수행의 종교라고 파악한다. 이러한 정의(定義)는 매우 독창적이면서 그의 통찰력을 보여 주는 것이다.

1922년 뷔르츠부르크대학교 철학과에 입학하여, 고대 그리스어, 독일 신화사, 천주교 의식(儀式) 등을 연구하면서 다양한 서양 철학을 섭렵한다. 백성욱은 유학 중에도 국내와 지속적으로 연락하며, 잡지 『불교』에 철학박사 백준이라는 이름으로「불교순전철학」을 국문 초록하여 연재한다. 또한「현대적 불교를 건설하려면」,「백림(伯林)불교원 방문기」등의 글들도 발표한다. 백성욱은 유학을 마치고 한국에 귀국하여, 1928년 5월에는 불교사에 입사하여 근무하였고, 8월에는 중앙학림의 교수로 부임한다.

백성욱의 학문 세계를 가장 잘 보여 주는「불교순전철학」은『불교』지에 제7호에서 14호까지, 시기적으로는 그가 귀국하기 직전인 1925년 1월에서 1925년 8월까지 차례로 연재된다. 연재 형태는『불교』지의 편집자인 권상로에게 서신을 보내는 형태로 그가 국내에 들어오기 이전이다. 서두에 "1924년 2월에 이곳 철학 교수 마이야 박사에게서 논제『불교순전철학』이라는 것을 얻어 가지고, 동 5월 2일에 완성하여 동 철학과에 제출하여 박사 논문의 인증을 얻었다"라고 밝히고 있다. '불교순전철학'이라는 용어를 그는 산스크리트어로는 '아비달마(Abhidharma)'라고 표기하고, 독일어로는 'Budddhistishe Metaphysik'로 표기하고 있다. 순수하고 온전하다는 의미의 '순전철학'이라는 용어는 일본 근대에 서양 철학 술어인 형이상학을 번역한 것으로 사용되었으니, 이는 다르게 표현하면 '불교형이상학'이라고 풀이될 수 있다.

백성욱이 이러한 논문을 작성하게 된 이유는 유학 동안에 서양인들이 동양인인 백성욱에게 '불교란 무엇인가?', '당신들의 사상계(思想界)는 어떠한가?', '동양의 철학도 그리스 철학을 토대로 삼는 사상인가'라는 질문을 자주 했기 때문이라고 한다. 백성욱이 느끼기에 서양인들의 불교에 대한 지식이 매우 얕고 미천하다고 생각하여 이에 대한 소개가 필요하다고 느낀 것이며, 또 한편으로 동양에도 이 방면에 관련된 적절한 서적이 없고, 동양인이라고 해서 서양인들보다 불교를 더 체계적으로 이해한다고 볼 수도 없다고 이유를 밝힌다. 다시 말해 그는 이 논문을 통해서 서양인에게는 불교를 소개하고, 동양인에게도 불교를 보다 정확하게 이해하도록 하기 위한 목적을 가지고 있었다.

「불교순전철학」은 불교에서 경전의 구성을 세 부분으로 나누는 서분(序分), 정종분(正宗分), 유통분(流通分)이라는 전통적인 방식으로 구성되어 있다. 서론에 해당하는 제1부는 역사적 개념과 불교순전철학, 제2부는 관념, 제3부는 사색의 방식이라고 하여 논리로 구성되어 있다.

본론인 정종분은 붓다와 다르마(dharma)로 구성되어 있고, 이는 다시 세분화되어 있다. 붓다는 불(佛)이며, 다르마는 법(法)으로 이는 불법(佛法)이며, 붓다와 불교의 진리 전체를 포괄한다고 볼 수 있다. 제1장 붓다에서는 1절은 붓다의 개념, 2절은 불교에서 인간을 지칭하는 오온(五蘊)의 산스크리트어 판차스칸다(panca-skandha)로, 3절은 중생(衆生)을 뜻하는 사트바(sattva)를 인격(人格)이라고 표기하고 있다. 4절은 안타아트만(anātman)이라고 하며, 심(心), 정신(情神), 주재(主宰)라고 해석하면서 무아(無我)에 대해서 논의한다.

제2장 다르마에서는 1절을 다르마라고 하면서 법, 진리(眞理)로 풀이한다. 2절은 천류(遷流)의 판정(判定), 3절은 세계(世界)의 기시(起始)라고 표기하여 로카야프바바타(lokaya-pravritti)라고 하여 세계의 기원을 다룬다. 4절은 중생의 기원을 다루는 푸루쇄야프라바바타타(puruṣaya-pravritti)로, 5절은 육체(肉體)를 다루는 가야(kaya)로 구성되어 있다. 제14호를 끝으로

더 이상의 글은 연재되지 않았고, 결론에 해당하는 유통분은 찾아볼 수 없다.

백성욱의 순전철학은 그가 경험하고 학습한 유럽의 불교학 연구 성과물을 충실하게 활용한 것이라고 볼 수 있다. 제목에서도 알 수 있듯이, 산스크리트어 발음 표기를 한국 발음으로 표기하고 있는데 이는 대단히 선진적이며, 또한 서양 철학의 주요 개념들을 활용하여, 존재론, 인식론, 논리학 등을 묘사하고 있는 것도 볼 수 있다. 뿐만 아니라 백성욱은 유럽의 1세기 불교학자라고 지칭되는 외젠 부르누프(Eugène Burnouf, 1801~1852)의 『법화경(法華經)』 연구 성과물을 인용하고, 팔리어성전협회(PTS)를 창설하여 초기 불교 연구를 이끈 리즈 데이비스(Rhys Davids, 1843~1922) 등의 다양한 연구 결과물을 활용한다.

그는 붓다와 다르마를 주관과 객관이라는 범주에서 설명하는데, 이를 위해 유럽 불교학자들이 연구한 인도 불교에서 붓다와 다르마의 의미를 먼저 고찰한다. 붓다에 대한 백성욱의 분석은 붓다는 깨달은 자임과 동시에 지혜이기도 하다는 것이다. 그래서 붓다는 우주적 진리 그 자체라는 결론에 도달한다. 동시에 모든 중생은 붓다를 가지고 있다는 의미에서 불성(佛性)으로도 해석한다. 따라서 그에게 붓다는 최종적으로 진리 속에 있는 주관으로 해석된다.

반면 다르마는 우주적 진리의 본체의 대명사이면서, 이는 우주적 진리 본체의 객관이라고 주장한다. 이를 위해 다르마에 대한 언어적 어원을 분석하고, 추상적 명사로부터 구체적 명사까지로 변화하였음을 지적하며, 법, 정(正), 종교나 신앙, 진리나 법계로 해석될 수 있고, 또 복수의 경우에는 개성, 작용, 생활 방식, 책임, 덕이나 의무 등으로 해석할 수 있다고 한다. 즉 다르마는 우주적 진리로서 객관이 된다.

다시 백성욱은 붓다와 진리로서의 다르마를 결합시켜, 우주적 진리인 붓다가 세계를 현상하기에 주체적으로 다르마의 진리를 구체적인 세계로 파악한다. 대승 불교에서 다르마는 체득되어야 하는 것이며, 이는 궁극적으로 우주적 진리에 도달할 수 있다는 의미이다. 다르마를 공(空)에 비유하여, 허공 중에는 육신인 오온이 없으니, 연기법의 이치에 다라 식(識)이 없고, 식이 없으니 경(境)도 없으며, 차례로 무명(無名)도 없고, 유무(有無)나 취사(取捨)도 없는 자유로운 경지에 이를 수 있다고 한다.

한편 백성욱은 순전철학에서 세계와 일체의 중생이 생기는 이유와 인간의 육체에 대해서 논한다. 신 존재를 거부하는 불교의 사유에서, 우주의 기원을 백성욱은 우리의 불성, 곧 붓다가 우리의 무지로 인하여 진리의 객관적인 세계가 아닌 환(幻)적인 객관을 보게 된다고 해설한다. 즉 이 세계는 미혹하여 환적 세계를 건립한 것으로 풀이한다. 따라서 그에 따르면 세계는 공상(空想)에서, 공상은 우리의 욕망에서, 욕망은 우리의 잘못된 사색에서 기인한다고 본다.

백성욱이 분석한 불교의 아비달마 논리 체계는 미혹된 중생이 무지에서 벗어나 불교의 진리, 우주적 보편적 진리를 이해할 수 있게 구성되어 있다고 파악한다. 불교의 논증 방식은 우선 긍정의 논리를 펼치고, 다음으로 부정의 논리를 전개한다. 그리고 긍정도 아니고 부정도 아닌 논리를 전개한다. 즉 인간의 다섯 가지 신체적 정신적 요소인 오온의 요소에 우리의 선입견과 오류를 버리게 되면 객관적인 진리에 도달할 수 있다는 것이다. 즉 그가 파악한 불교의 논리 체계는 오늘날 서양의 형식논리학 정반합(正反合)과 유사한 성격으로 보인다. 예를 들어 흰색과 검은색의 중간인 회색을 모르는 경우를 상정하며, 우선 먼저 '이것은 흰색이다'라고 파악한 후, 다시 '이것은 검은색이다'라고 전개한다. 이후 다시 이것은 흰색도 아니고 검은색도 아니라고 파악하여 회색 사물을 객관적으로 분석할 수 있다고 한다.

백성욱은 기존에 전통적으로 내려오던 교상판석(敎相判釋)을 자신의 기준에서 붓다의 일생에 맞추어 새롭게 재구성하여 사시(四時)·사교(四敎)를 제시하여 아함부(阿含部), 방등부(方等部), 반야부(般若部), 법화·열반부(法華·涅槃部)로 분류한다. 붓다가 깨달음을 얻은 후 12년간 아함을 설하였는데 이에 대한 핵심 요체는 고집멸도(苦集滅道)의 사성제(四聖諦) 법문으로 요약한다. 다음으로는 인도 사회의 계급의 차별인 카스트 제도를 거부하고 '인간은 평등하게 태어난다'는 가르침을 펼친 방등부이다. 그다음으로는 붓다가 22년 동안 설한 반야부 경전들을 나열하며, 사람은 그 근기(根機)에 따라서 성불(成佛)하는 방법이 다르지만, 그중에서도 『금강경』은 반야부의 핵심 경전으로서 이론과 수행의 원천으로 보고 있다.

백성욱은 붓다가 마지막 8년 동안 법화와 열반부를 설하였다고 분류하면서 『화엄경』의 중요성을 역설한다. 불교 지식인으로서 자신이 교판을 재구성한다는 것은 파격적이면서도 그만큼 자신감이 넘치는 행위로 볼 수 있다. 그는 초기 불교의 붓다와 다르마를 논의함에서 한 걸음 더 나아가 대승 불교의 경전들을 자유롭게 다루고 있음을 알 수 있다. 이러한 그의 학문 세계는 붓다나 법계 개념에 초월성이나 절대성을 부여하기도 하여, "다르마(법계의 세계)로부터 유출되지 않는 게 없고, 다르마로 귀환되지 않는 것이 없다"라는 『화엄경』의 구절을 인용하기에 이른다.

백성욱은 또한 이후 자신의 수행에도 직접적으로 실천으로 이어졌던 선불교에서 말하는 깨달음의 평범성 내지 일상성도 강조한다. 그는 이를 의상 대사(義相大師)와 원효 대사(元曉大師)의 가상의 대화로 표현한다. 의상 대사가 신통(神通)이 무엇인지를 묻자 원효 대사는 배고프면 밥을 먹고, 목이 마르면 물을 마시는 것이라고 대답한다. 또한 의상 대사가 어디서 스스로의 전지(田地)를 찾을 수 있는가라고 묻자 원효 대사는 '붓다가 도달하지 않은 곳'이라거나 '백척간두(百尺竿頭)의 진일보(進一步)'라고 대답한다. 이러한 백성욱의 선불교 전개 방식은 전통적인 내려오는 선문답을 한국의 대표적인 불교 사상가를 대비하여 전개한 것으로 매우 특이한 경우이다. 즉 깨달음이 특별함이 아니라 일상에 있음을 강조함과 동시에, 원효 대사와 의상 대사로 대표되는 한국적 상황을 융합하여 설명하고 있다.

백성욱의 사상은 불교를 통해서 동양적 사유의 우수성과 전통적 불교의 우월성을 역설하며, 서양의 사상보다 앞선 불교의 철학적 가치를 발견하려고 노력한다. 이는 유럽에서 유학하여, 서구의 교육을 받았음에도 불구하고 동양적 가치의 우위를 주장하는 이례적인 경우이다. 비슷한 시기에 유학한 김법린의 학문 세계와도 뚜렷이 구분된다.

백성욱은 어려서부터 전통적인 불교 교육을 받았고, 서구에서 철학을 학습한 후, 서구 사회에서 서구인을 위해 불교를 소개하는 논문을 작성하였다. 그것은 국내에서 한글로 번역되었는데, 동양 사상 특히 동아시아 불교의 사상적 우위를 강조하고 있다.

백성욱이 논문을 발표한 것이 1925년이고, 한국에서 경성제국대학에 철학과가 개설된 것이 1926년이니, 백성욱의 논문은 그 시기 자체로도 매우 의미 있게 볼 수 있다. 여러 가지 논란과 재고의 여지는 있지만, 백성욱의 논문은 서구 사회에 한국의 청년이 불교 선언문을 작성한 것이라고 해석될 수 있다.

2. 세속의 지식인: 정치가와 교육자

백성욱은 승려이면서도 현실 세계에 적극 참여한 대표적인 정치인이었고, 또한 교육자였다. 독일에서 귀국 후, 1926년, 중앙불교전문학교 교수로 부임하여 2년여를 활동하고, 금강산에서의 수행자 생활 이후, 대한민국 정부 건설과 함께 현실 정치가로 사회에 참여한다. 백성욱은 유럽으로 유학길에 오르기 이전에 이승만을 만난 인연으로, 해방 이후 대한민국 건국에 함께한 것으로 알려져 있다. 광복과 더불어 그는 이승만과 함께 미군정에게 한국으로 정권을 이양할 것을 촉구하는 연판장을 결집하였으며, 이를 주한미군사령관에게 전달하는 역할을 하기도 하였다. 기독교인인 이승만과 승려인 백성욱이 함께한 한국 초대 정부는 그 자체로 흥미로우며 종교와 정치를 어떻게 바라볼 것인지에 대해서는 앞으로도 흥미로운 연구 대상이다.

그는 1950년 2월, 제4대 내무부장관으로 임명되어 7월까지 행정을 맡았으며, 6·25 전쟁과 함께 부산으로 내려가서는 이듬해 한국광업진흥주식회사 사장으로 취임한다. 1952년 8월 5일, 전쟁 중에 치러진 정·부통령 선거에 무소속으로 부통령으로 출마해서 낙선한다. 이후 이승만 정부가 종신 집권을 위해 한 '사사오입' 개헌 이후에 치러진 1956년 정·부통령 선거에 한 번 더 부통령직에 다시 도전하지만 실패한다.

그는 이승만 정권이 종신 집권의 독재로 나아가자 더 이상 정부에 적극적인 참여를 하지 않고, 교육자로서 역할에 집중한다. 전쟁이 끝난 1953년 8월에는 동국대학교 총장에 취임하여 1961년까지 역임하였으며, 총장 임기 중인 1961년에는 잠깐 동국학원 이사장도 겸임한다. 대학으로 활동 무대를 옮긴 그는 동국대학교의 현대화와 불교학 중흥에 힘쓴 흔적이 역력하다. 재임 기간 동안 그는 동국대학교의 기본인 본관, 명진관 등을 비롯한 8,000평이 넘는 대부분의 건물들을 신축하여 오늘날의 모습을 갖추게 하는 행정가로서의 면모를 보여 준다. 특히 이 기간 동안 도서관 중심의 학교 건립과 교수 및 학자의 연구실 확보를 위한 그의 노력은 특히 높이 평가할 만하다.

한편으로 그는 '고려대장경 보존동지회'를 결성하여, 고려대장경 영인 작업을 시작하여, 불교학 연구 방법에 새로운 초석을 놓게 된다. 일본 불교학계가 『대정신수대장경』을 1932년 총 87권으로 완간한 것을 알고, 우리 불교 대장경의 탁월성에 대한 보편적·객관적 인식을 심어 주기 위한 시도였다. 국역 번역에 앞선 기초 작업으로써 영인본 제작은 훗날을 기약하는 새로운 시도였다.

또한 이 기간 동안 전체 대학생을 대상으로 총장의 문화사 특강과 『금강경』 강의를 진행하였으며, 대학원생을 대상으로는 『금강삼매경론』, 『팔식규구(八識規矩)』, 『보장경』, 『화엄경』 등을 강의하면서 학자와 교육자로서의 활동도 활발하게 한다. 그의 대학에서의 행정가와 교육자로서의 역할은 1961년 5·16 군사 정변으로 총장직을 사임함으로써 끝난다.

그의 사회 참여 사상은 인간도 이 거대한 우주의 일부분으로 우주의 운행 법칙에 따라 생활하여야 한다는 불교적 사유에 기반을 둔다. 유학 생활 동안에 유럽에서 유행하던 신지학(神智學)과 인지학(人智學)을 접목시켜, 인간을 하나의 소우주로 보고, 인간의 뇌나 심장이나 다른 기관 등의 활동을 사회의 정치, 경제, 문화와 연관시켜 해석한다. 인간의 신체가 균형 있게 발전해 나가야 하듯이, 정치, 경제, 문화가 서로 조화와 균형을 이루어야 하는데, 특정한 하나가 다른 것들을 억압하고 지배하면 사회가 불행해진다는 논리이다.

그는 이를 '모든 인류의 정신생활과 법률생활과 경제생활을 조화롭게 조율하는 것'이라고 하여 '삼지사회조직론(三支社會組織論)'을 주장한다. 정신생활은 인간의 품성과 가치를 밝히는 행위이며, 법률생활은 인간의 집단을 보존하기 위한 것이며, 경제생활은 인간의 생존을 위한 것이다. 이를 우주의 삼재(三才)인 천지인(天地人)과 배대하여, 정신생활을 하늘로, 경제생활을 땅으로, 법률생활을 사람으로 각각 해석한다. 이 세 가지 생활 활동이 하나라도 궤도를 이탈하게 되면 나머지 두 개의 생활도 흐트러지기 때문에 종교 수행을 하듯이 세세히 살펴야 한다고 한다.

법률생활은 몸의 척추와 같아서 육체를 지탱하게 하는 규범이며, 정의로운 세상을 위하여 보편타당하게 운영되어야 한다. 만약 개인이나 집단이 불평하는 것이 많다면, 이러한 법률생활은 현실과 맞지 않다는 증거이며 이는 수정·보완하여야 한다. 법률생활은 인류 역사 이래로 진행되어 왔지만, 나라별·지역별 헌법·법률 등이 더욱 체계적으로 발전하여야 하며, 더 낫게 제대로 발전해야 한다고 주장한다.

반면 경제생활은 인간 육체의 신경이나 핏줄과 같은 것으로 몸 안에 피가 원활하게 순환하기 위한 핵심은 적절한 분배라고 파악한다. 경제생활의 기본은 적절한 소유와 적절한 나눔으로, 이를 통해 사회의 보편타당한 가치를 구현할 수 있다고 한다.

정신생활은 앞의 두 가지보다 더욱 강조되는 것으로 경제, 법률 활동의 불만족을 보완해 줄 수 있다고 한다. 인간은 교육을 통해서 스스로 만족하고, 물질보다는 마음의 행복을 추구하는 것을 사회의 도덕 규범으로 정립해야 한다고 강조한다. 인간 신체에서 정신생활은 대뇌의 활동과 같아서 조화롭게 육신을 다스리고, 지혜와 더불어 총체적 직관으로 우주의 실상을 파악해야 하며, 따라서 백성욱이 수행론을 강조하는 것은 지극히 타당하게 된다.

3. 수행 공동체의 지도자

백성욱은 출가 승려로서 그의 인생에서 두 번에 걸쳐 수행자의 삶의 궤적이 보인다. 한 번은 교수직을 사임하고 금강산에 입산한 것이며, 또한 번은 총장 퇴임 이후 부천에 '백성목장'을 설립한 것이다. 유학에서 돌아와 국내에서 화려한 활동을 하다가 돌연 금강산으로 입산한 1928년의 심경을 그는 '다시 적멸궁을 찾아가면서'라는 글에서 밝히고 있다. 그 스스로 지난 삶을 돌아보면서 "법률상으로는 아무 걸림이 없는 사람이지만 '이것이 과연 잘한 일인가' 하는 윤리상 판단으로는 … 용신(容身)할 곳까지 없겠다는 고통을 가지게 된다"라고 밝히면서 "더럽게 사는 것보다 조촐하게 죽는 것이 더 낫다"고까지 표현하고 있다.

식민지 조국에서 불교 지식인으로 계몽 운동과 사회 활동을 활발하게 이어 가던 백성욱은 스스로 고백하듯이 자신은 14세에 출가하여 19세까지는 불궤(佛軌)를 어기지 않는 진정한 비구가 되었으나 점차 사회 문제에 관여하면서 벌써 비구 생활을 떠난 지 오래라고 자책한다. 그는 입산 직전에 『불교』지를 발행하는 불교사에 함께 근무하던 김일엽을 만나고 인연을 맺게 된다. 아마도 이 인연도 백성욱이 입산하는 데 결정적인 계기가 되었을 듯하다. 백성욱은 1928년 1차로 금강산에 입산하고, 1929년 승려대회를 마친 후 1930년에 다시 재입산한다.

이 당시 백성욱은 수행하던 중 그의 명성을 듣고 찾아온, 이승만과 가까운 손석재(孫昔哉) 선생을 만났다. 두 사람은 함께 공부하였고, 오대산 적멸보궁에서 100일 기도를 드리던 중 서울에 돌아왔다가 백성욱만 다시 안양암에 들어간다. 오대산 중대에 머무르면서 매일 적멸보궁을 찾아서 기도하며 100일을 채운다.

기도하던 어느 밤에 홀연히 사자 한 마리가 나타나 땅을 파고, 땅도 주변도 모두 금색처럼 보였다고 한다. 그런데 갑자기 그 장면이 사라지고,

푸른 산 아래로 맑은 물이 흐르는데, 자세히 살펴보니 푸른색 옷을 입은 어떤 이가 물가에 앉아 있는 모습을 보았다고 한다. 이를 백성욱은 다음과 같은 시로 표현한다.

푸른 산 푸른 물가에 한가로이 있는 자여!　　　(綠水靑山恁閑者)

이것이 분명 상원사의 그분이로구나!　　　　　(這是分明上院人)

서울에서 승려대회를 마친 후, 금강산 안양암에 입산한 후에 백성욱은 안양암에 거처하면서 하루에 한 끼 식사하는 1일 1식(一日一食)으로 1,000일 기도를 이어 간다. 이때의 수행 방식은 '대방광불화엄경' 일곱 글자를 부르는 것이며, 이때의 하루 일과를 기록한 것을 살펴보면 다음과 같다. 새벽 4시에 일어나 아침 예불을 하고 난 다음에 '대방광불화엄경'을 염송(念誦)하는 수행을 4시간 동안 한다. 9시경에 불전에 마지 공양을 올리고 9시와 10시 사이에는 아침 공양을 한다. 이후 낮에는 농사일 등을 한다. 오후 6시와 7시 사이에 저녁 예불을 드린 후 9시까지 다시 공부를 한다고 서술되어 있다. 금강산 수행의 핵심은 '대방광불화엄경' 일곱 자를 마치 '나무아미타불' 염불처럼 염송하는 것이다.

안양암에서 3년을 홀로 수행하면서 '대방광불화엄경'을 부르는 것을 수행의 요체로 삼았으나, 명성을 듣고 수행에 동참하기를 원하는 학인이 점차 많아지자 지장암으로 장소를 옮겨 7년을 머무른다. 이때는 손혜정이 여성 수행자를 위한 공간도 별도로 마련한다. 백성욱은 먼저 동참하기를 원하는 사람들에게 100일 기도를 시키고, 100일 기간이 끝나면 서울에 머무르고 있는 손혜정에게 수행 기간 동안의 공부를 점검받도록 하였다고 기록하고 있다. 제자들과 함께 수행하던 금강산에서 하산하여 서울로 돌아온 후 해방될 때까지 그는 돈암동 자택에서 좌선(坐禪) 수행에 전념한다. 10년에 가까운 금강산 수행 생활은 이후 백성욱에게 최초로 유럽에 유학한 학승 이미지의 지식인이 아니라 깨달음을 얻은 도인(道人)으로서의 명성을 부여한다.

그의 두 번째 수행 이력은 동국대학교 총장을 퇴임하고 '백성목장'을 설립하여, 1981년 8월 입적(入寂)할 때까지 수행에 전념하면서 여러 사람들을 지도한 것이다. 백성목장은 일종의 수행 공동체로서 주경야독(晝耕夜讀)을 표방하는 방식으로 운영되었다. 다양한 불교 신자들이 수개월에서 수년까지 백성목장에서 백성욱과 함께 낮에는 일하고, 밤에는 경(經)을 읽으면서 공부에 전념한다. 또한 매월 음력 21일에는 정기적으로 백성욱의 법문이 있었다. 새벽 예불을 마치면 8시에 아침 공양을 하고, 오후 2시경에 점심 공양을 마치면 저녁을 먹지 않는 오후 불식(不食)의 규율을 엄격하게 지켜 나갔다.

백성욱의 백성목장의 공동체 수행에서 강조한 공부는 바로 『금강경』 독송이었으며, 이 『금강경』 독송에 특별한 영험이 있음을 강조한다. 이 독송법은 금강산에서 강조한 '대방광불화엄경' 염송을 계승하고 있는 것이다. 이 수행법은 불교의 전통적인 수행 방법론에 『금강경』을 접합시킨 것으로 지극히 고전적이다. 이러한 수행 공동체는 '금강경독송회'라는 수행 단체로 명명하게 되고, 1968년에는 현토(懸吐)한 독송용 『금강경』을 간행하여 발간한다. 독송용 『금강반야바라밀경』에 대해서 백성욱은 이제 비로소 『금강경』 대중화 시대가 올 것이라고 선언한다.

이 수행 공동체에서 행하던 수행 방법은 크게 세 가지 특징을 보여준다. 첫째는 『금강경』을 독송하는 것이다. 고승(高僧)들이나 접할 수 있었던 경전이거나, 영험을 받거나 소원 성취를 위해서 제사에 사용되던 『금강경』을 이제 수행의 방편으로 아침과 저녁에 독송하기를 권장한다. 『금강경』 독송은 먼저 소리에 집중하는 단계에서 차츰 소리를 돌이켜 소리의 근원으로 돌아가는 단계로 진행된다고 한다. 먼저 소리에 집중할 때에는 염불을 할 경우에 스스로 외우면서 그 소리를 스스로 듣게 된다고 한다. 이러한 독송은 처음에 큰 소리로 하다가 수행에 진전이 있으면 작은 소리로 하게 되고, 점차 마음의 소리로 듣는 단계로 나아간다고 한다.

둘째는 미륵존여래불(彌勒尊如來佛)을 염송하는 것이다. 이는 석가모니 부처님으로부터 수기(授記)를 받고 미래에 성불할 것으로 예정된 미륵존여래불 즉 흔히 말하는 미륵부처의 정식 명호를 끊임없이 염송하여 바치는 수행법이다. 평상시에는 마음에 떠오르는 생각대로 미륵존여래불을 염송하고, 『금강경』을 읽고 난 후 일정 기간 미륵존여래불을 염송하는데, 이를 이 단체는 정근(定根)이라고 지칭한다. 졸음이 오거나 자세가 흐트러지면 가부좌 자세에서 무릎을 꿇는 자세로 바꾸기도 하고, 무릎을 꿇은 자세에서 상체의 허리를 펴는 장궤(長跪)의 자세 등으로 바꾸어 가면서 경전을 독송한다.

셋째는 수행자 스스로가 미륵존여래불이 되기를 서원(誓願)하는 것이다. 그는 "미륵존여래불을 마음으로 읽어서 귀로 듣도록 하면서 당신의 생각은 무엇이든지 부처님께 바치는 마음을 연습하십시오"라고 강조하면서 염송의 중요성을 역설한다.

백성욱은 『금강경』을 독송하는 것이 다른 어떤 것보다도 보시 공덕이 수승(殊勝)함을 경전의 내용을 들어서 강조한다. 그리하여 독송의 효과는 재앙을 소멸하고 무량한 복덕을 짓게 되어 반야(般若)의 지혜를 얻게 되고, 지혜의 완성에 이른다고 주장한다. 소수의 한정된 사람만이 접근할 수 있었던 불교의 교리를 일반이 누구라도 쉽게 접근하여 불교철학의 핵심인 『금강경』의 내용을 익혀서 수행으로 승화시킬 수 있다는 논리이다.

지금은 널리 보급되고 보편화되어 있는 『금강경』 독송이 수행법으로 체계를 갖추기 시작한 것은 금강경독송회라는 신행 모임을 이끈 백성욱이 그 효시라고 볼 수 있다. 그는 최초의 유럽 유학승이지만 수행 방법은 지극히 전통적인 방식을 재구성하여 보급하였다고 볼 수 있다. 『금강경』 독송은 현재까지도 그를 따르던 많은 제자들이 계승하고 있는 한국 불교의 대표적인 수행 전통 중의 하나이다.

백성욱은 전통적 불교 교육과 함께 최초로 근대적 불교학 방법론을 학습한 지식인이다. 그러나 그의 일생은 불교 지식인으로서, 불교학자로서의 활동은 매우 짧고, 대신 정치 현장에서, 대학의 총장실에서 보낸 기간은 길다. 그리고 일생의 많은 기간을 수행 공간에서 보냈다. 백성욱에 대해 공개되어 있는 현재까지의 자료로는 여러 가지 혼돈이 있고, 그의 삶을 온전히 이해하기 곤란한 부분도 적지 않다. 그러나 백성욱이 그의 일생 동안 선택한 많은 경우의 활동들은 한국 불교 최초라는 타이틀을 붙이기에 부족함이 없다. 학자로서 그는 최초의 유럽 유학을 한 엘리트였고, 세속에서는 현실 정치에 직접 참여한 승려였으며, 종교적으로는 수행 공동체를 이끈 종교 지도자이자 수행자였다.

김법린,
역사의 중심에서 시대와
함께하다

성청환
동국대학교 인도철학불교학연구소

범산 김법린(梵山 金法麟, 1899~1964)은 암울한 시기에 국내외에서 언제나 시대의 책무를 수행한 독립 운동가이면서, 한국 불교학계에 근대 불교학 연구 방법론을 도입한 최초의 인물이다. 그는 프랑스와 일본 등에 유학한 학승(學僧)이면서 지금의 대한 불교 조계종의 초대 총무원 원장, 문교부장관, 국회의원, 동국대학교 총장 등의 지위에서 역할을 함으로써, 불교계뿐만 아니라 정치, 교육에도 지대한 영향을 미친 인물이다. 그러면서도 그는 한편으로는 끊임없이 신(新)불교 운동을 제창하여, 불교가 시대와 함께 민중과 함께해야 함을 강조하고 주창한 선각자적인 삶을 살아간 시대의 지식인이다.

김법린은 경북 영천의 은해사(銀海寺) 근처에서 아버지 김정택(金玎宅)과 어머니 김악이(金岳伊)의 장남으로 태어났으며, 본명은 진린(振麟)이다. 1912년 신녕공립보통학교를 졸업한 이듬해인 14살 무렵에 은해사로 출가하여 공부를 계속하게 된다. 그의 최초의 법명은 법윤(法允)이었으며, 훗날 법린(法麟)으로 개명한다. 이를 계기로 1914년 부산의 범어사(梵魚寺)의 명정학교(明正學校) 보습과에 입학하여 수학하고, 다시 범어사 강원(講院)의 사교과(四敎科)를 수료한다. 명정학교는 범어사 내에 설립된, 불교계가 설립한 근대식 중등 교육 기관이었다. 총명함이 남달랐던 김법린은 범어사의 도움으로, 1917년, 서울로 올라가 휘문고보(徽文高普)에서 수학을 이어 간다. 이듬해 19세의 나이로 불교중앙학림으로 편입하고, 여기에서 만해(萬海) 한용운(韓龍雲)을 만나, 그를 평생의 스승으로 모시게 된다. 한용운이 지도하던 '유심회(惟心會)'에서 활동하면서, 한용운이 발간한 잡지 『유심(惟心)』의 편집을 돕는다. 한용운과의 만남은 그가 투철한 민족의식에 기반하여 언제나 시대와 함께 실천하는 지식인으로서의 삶을 살아가는 토대가 된다.

특히 그는 3·1 운동 전날 밤에 한용운의 자택에서 김상헌, 백성욱, 김규현, 신상원 등의 불교 청년들과 함께 다음 날 만세 운동에 적극 동참할 것을 요구받고 결의한다. 이때 한용운은 불교계의 학승(學僧)들에게 적극 참여해야 하는, 독립 운동의 이유를 동포들에게 참뜻을 널리 알려 독립 완성에 만전을 기하여야 할 것이라고 하면서, 학승들은 특히 서산 대사(西山大師)와 사명 대사(四溟大師)의 불법을 이어받은 제자로서 법손(法孫)임을 반드시 기억하여, 불교 청년으로서 역량을 발휘하여야 한다고 강조한다. 이러한 시대정신과 불교도로서의 정체성을 확실하게 강조한 한용운의 뜻은 청년 승려들에게 실천하는 지식인으로서의 자부심을 가지게 하는 든든한 버팀목이었을 것이다. 이후 청년들은 긴급 대책 회의를 갖고 각자의 역할과 독립 운동 이후의 행동 계획을 수립한다. 김법린이 3·1 운동에서 한 일은 주도적으로 '독립 선언서'를 서울 시내 곳곳에 배포하는 것과 탑골공원에서 진행된 독립 선언서 낭독에 참가하면서 3월 2일까지 진행된 서울 시내 만세 운동에 적극 참여한 것이었다. 3·1 독립 운동 이후의 그의 삶의 궤적은 다음과 같이 요약할 수 있다.

1919년 3월 18일, 부산에서 범어사를 중심으로 동래 시장의 만세 운동
　　　을 주도

1921년, 프랑스로 유학길에 올라 소르본대학교 유학

1927년, 벨기에 브뤼셀 세계피압박민족대회 참가

1928년, 귀국하여 조선불교선교양종승려대회를 주도

1930년, 비밀 결사 조직인 만당에 가입

1931년 2월, 일본 고마자와대학교에 유학하여 1933년에 졸업

1942년, 조선어학회 사건에 연루되어, 1945년 1월까지 27개월간 감옥
　　　생활

1945년, 조선불교혁신준비위원회를 조직하여, 전국승려대회를 열어
　　　서 중앙총무원을 신설. 박한영을 교정으로 추대하고, 총무원
　　　장으로 취임하여 불교계 혁신을 주도

1946년, 과도 정부 관선입법의원으로 정치에 입문

1952년, 제3대 문교부장관에 취임

1954년, 자유당 후보로 민의원으로 선출되고 원내총무로 정국을 주도

1959년, 초대 원자력원장으로 취임

1961년, 동국대학교에서 명예박사학위를 받음

1963년, 동국대학교 총장으로 취임하고, 이듬해 입적(入寂)

1. 독립 운동 현장의 청년 지식인

한용운의 권유로 불교 지식인과 함께 조국 독립 운동에 투신할 것을 결의한 청년 김법린은 3·1 만세 운동의 중심에 선 이후, 이에 머물지 않고, 3월 4일 그가 오랫동안 학습하였던 부산 범어사로 김상헌과 함께 내려간다. 그들은 부산의 승려들에게 서울의 만세 운동을 상세하게 설명하고, 부산에서도 조국의 현실을 여러 사람이 직시할 수 있게 한다. 또 범어사 불교전문강원의 학인들과 지방학림, 명정학교의 학인들을 조직하여 만세 시위를 계획한다. 이를 계기로 그는 범어사가 주도한 3월 18일, 지리적으로는 동래 시장을 중심으로 한, 학생 의거를 계획하고, 실행하는 데 주도적인 역할을 한다. 동래의 장날을 이용하여 시위를 결행하기로 한 이 독립 운동은 32명의 결사대를 조직하고, 태극기, 선언문, 격문 등을 치밀하게 준비하여 실행에 옮겨져 역사적인 학생들의 의거가 일어나게 된다. 이 역사적인 의거는 무려 33명이나 징역형을 선고받은 의거이다. 그는 범어사 의거를 계획한 후, 직접 참여하지는 않고 바로 서울로 돌아온다.

이후 일본의 탄압은 나날이 거세지고, 김법린은 4월에 삶의 거처를 상해의 임시정부로 옮긴다. 이때 그는 중앙학림의 한국민단본부의 대표 자격으로 파견되었는데, 이 단체는 항일 비밀 결사 조직이다. 안창호·이동휘 등 임시정부 요인들을 만나고, 다시 5월에 임시정부의 특사 자격으로 국내에 돌아와서, 해외에서의 독립 운동 상황을 전달하면서, 앞으로도 계속 해외 운동 상황을 전달하기로 한다. 다시 그는 만주로 건너가 표면적으로는 쌀가게를 운영하면서 독립 운동의 근거지로 삼는다. 동시에 비밀리에 『혁신공보』를 발행하여, 해외에서의 독립 운동 소식을 국내로 전한다.

김법린은 임시정부의 신상완, 김상헌 등과 함께 다시 한번 국내로 돌아와 독립 운동 자금을 모집함과 동시에 승려의 비밀 결사 조직인 의용승군 조직을 도모한다. 이 조직은 전국의 불교 청년들을 서울에 모아 새로운 독립 운동의 방향을 모색하는 것이었으며, 범어사와 석왕사 등을 중심으로 하여 의용승군 기밀부를 설치한다. 이를 위해 대한승려연합회 선언서와 임시의용승군헌제를 작성하고, 범어사와 통도사를 중심으로 모금한 독립 자금이 임시정부에 전해진다. 이는 후에 승려인 오성월, 이담해, 김경산이 임시정부 고문으로 추대되는 계기가 되었으며, 이 조직은 1920년 4월에 신상완이 체포됨으로써 일단락되고, 그는 다시 상해로 복귀한다.

상해에서 김법린은 만주에서 독립 운동을 이어 가는 것과, 미국으로 가서 학업을 이어 가는 것을 심각하게 고민하면서 남경의 금릉대학에 입학한다. 이 무렵 그는 일본의 감시를 피하기 위해 법윤이라고 불리던 그의 이름을 법린으로 바꾸어 사용하였으며, 영어와 중국어를 공부하면서 미국 유학을 준비하였으나 어의치 않아 단념한다. 좌절하던 그는 임시정부와 관련 있던 중국 국민당이 주도한 유법검학회(留法儉學會)의 도움으로 1920년 10월, 프랑스 유학길에 오른다. 배를 타고 싱가포르해협과 인도양을 거쳐 40여 일의 긴 여정 끝에 파리에 도착한다.

그는 스스로 학비를 벌기 위해서 청소부, 간병인 등의 일을 해 가면서, 한편으로는 불어를 집중적으로 공부하기 위해 플레르(Flers)고등학교에 입학하여 1년간 다니고, 소르본(Sorbonne)대학교 부설 외국인 학교로 옮겨 학업을 이어 간다. 그리고 마침내 1923년 11월, 파리 소르본대학교의 철학과에 입학한다. 힘겨운 학업이었지만 1926년 7월에 대학을 졸업하고 그해 11월 대학원에 진학하여 서양 철학을 공부하기 시작한다. 이 시기 그는 근세 철학과 과학철학, 논리학을 직접 수학하는 기회를 얻었으며, 특히 그는 서양 근세 철학의 선구자 르네 데카르트(Rene Descartes)의 철학에 깊은 영향을 받은 것으로 보인다.

대학을 졸업하고 은행에 근무하면서 대학원 학업을 이어 가던 김법린은 다시 조국의 독립 운동 현장에서 직접 활동하게 된다. 1927년 벨기에 브뤼셀 에그몽궁전에서 개최된 세계피압박민족반제국주의대회(International Congress against Colonial Oppression and Imperialism)에 이미륵과 이극로, 황우일과 함께 4인이 한국 대표로 참여한다. 학업을 위하여 독립 운동을 잠시 중단했던 그는 이제 다시 자신의 역량으로 한국의 독립을 호소하기 위한 국제적 활동을 펼친다.

이 대회는 예비대회를 2월 5일부터 9일까지 진행하고, 10일부터 14일까지 정식대회를 개회하는 것으로 구분하여 진행하였다. 여기서 대표단은 국제 사회에 세 가지 조건, 첫째, 시모노세키 조약을 실행하여 조선 독립을 확보할 것, 둘째, 조선 총독 정치를 즉시 폐지할 것, 셋째, 상해 대한 임시정부를 승인할 것을 제시한다. 이러한 내용은 각국의 대표들에게 '한국의 문제(The Korea Problem)'라는 제목으로 영어, 프랑스어, 독일어로 작성되어 배포된다. 이 대회에서 이미 프랑스어가 익숙했던 김법린은 본회에서 한국인에 대한 일본의 압박과 탄압을 여실하게 폭로하는 기조 연설을 한다. 그의 연설문은 '한국에서 일본 제국주의 정책 보고'라는 제목이며 형식적으로는 서론, 본론, 결론으로 이어지는 체계를 갖추고 있다. 그의 연설의 주된 서론은 일본의 영토 확장주의의 일환이 한국을 비롯한 동아시아 영토 확장 정책으로 일본이 한반도에 권력을 행사하고 있다고 현실을 분석한다. 일본의 영토 확장주의는 서기 200년, 신공왕후가 한반도 침략을 시도한 것을 시작으로, 16세기 도요토미 히데요시의 침략을 거쳐, 19세기 요시다 쇼인에게까지 이어지는 역사를 가지고 있다고 열거한다. 그리고 본론은 1장 한국에 대한 일본의 폭력, 2장 일본의 한국 점령이라는 제목으로 구성되어 있다. 1장에서는 강화도 조약이 체결된 1876년부터 1910년에 이르기까지 두 나라 사이의 불평등한 관계를 짧게 설명한다. 2장은 1910년 일제 강점기 이후 한반도의 지속적인 발전과 성공이 이어지고 있다는 일본의 주장을 적극적으로 반박하며, 식민 통치의 실상을 폭로한다. 그는 이 연설에서 행정 조직, 사법 행정, 교육, 경제 정책과 식민지화, 노동 등의 5항목에 걸쳐서 구체적인 통계 수치를 활용하여 객관적인 사실을 전달한다. 그러면서 그는 결론에서 일본의 제국주의 정책은 '국제 사법 정책 중에서 가장 범죄적이고 부끄러운 사실'인 것이고 인류의 문명을 더럽히고 타락시키는 것으로, 수치스러운 범죄이므로 처단하여야 한다고 끝을 맺고 있다. '한국의 문제'가 일본의 한국 박해의 사례를 열거하며, 감정에 호소한 글이라면, 김법린의 연설문은 한국의 여러 상황을 일본의 무리한 주장에 대해 객관적 사실과 구체적 통계 수치를 인용하면서 일본의 실체를 폭로하는 데 초점을 맞추고 있다. 그러나 냉혹한 힘이 지배하는 국제사회는 조선 청년의 간절한 호소에도 불구하고, 식민지 조선의 문제를 토의의 안건으로 상정하는 것을 부결시킨다.

이 대회가 끝나고 다시 같은 해 12월 9일에서 11일까지 룩셈부르크에서 다시 한번 개최된 세계피압박민족대회의 대표 회의에 참석하여 한국의 식민지 상황을 다시 한번 보고하여, 국제사회에 조선 독립의 정당성을 다시 한번 호소한다. 이 대회에서 아시아민족회의를 열어 중국, 인도, 시리아 대표와 함께 위원으로 선출된다. 이와 같이 김법린은 유럽에서도 공식적으로 일본의 침략성을 알리면서, 일본의 실체를 폭로하였고, 그 자신은 한국인 대표 자격으로 민족 독립 운동에 있어 주체적으로 선봉에 선 것이다. 이후 학업을 계속 이어 가고자 하였으나, 국내 불교계의 요청으로 프랑스에서의 학업을 중단하고, 1928년 1월에 8년의 해외 생활을 마무리하고 귀국한다.

2. 근대 불교학 방법론을 도입

김법린의 학문 세계에서 수학과 연구 과정은 유년 시절 서당에서의 한문 공부를 제외하고 모두 신교육이 중심이다. 범어사 명정학교와 전문강원에서의 수학도 모두 전통적 불교 교육에서 탈피한 새로운 교육 방식이었으며, 휘문고보와 불교중앙학림에서의 공부는 말할 것도 없이 신교육 체제였다. 그가 중앙학림에 재학할 때 개설된 과목들은 법계관문(法界觀門), 백법론(百法論), 팔식규구(八識規矩), 인명론(因明論), 유식학 등이 주요 과목으로 분류되어 있고, 보조적인 과목으로 조선 종교사, 종교학, 철학 및 철학사 일반 등의 과목도 있다. 소르본대학교에서 그가 응시하여 수료증을 받고 졸업한 과목은 심리학, 사회학, 윤리학, 일반 철학 및 논리학, 과학철학 등의 5과목이다. 대학원에서는 근세 철학을 연구하였으며, 국내 복귀 후 다시 일본에서는 불교학과에서 산스크리트어와 인도 철학을 공부한다. 이처럼 김법린의 학문 수학 여정은 동서양 철학을 폭넓게 접할 수 있었던, 새로운 사상적 지평을 경험할 수 있었던 기회였을 뿐만 아니라, 새로운 교육 체제와 방법론을 습득하는 과정이기도 했다.

김법린은 프랑스에서 국내에 복귀한 후, 범어사, 각황사 등에서 '구미의 불교', '불교와 쇼펜하우어의 철학', '인도 철학 사상에 대한 불교의 지위' 등의 주제로 당시로서는 상당히 파격적이고 선진적인 내용의 강연을 이어 간다. 동시에 불교 잡지 『불교』, 『일광』 등에 철아(鐵亞)라는 필명으로 그는 「근대 철학의 비조(鼻祖), 르네 데카르트」, 「구미 학계와 불전의 연구」, 「12인연에 대하여」, 「뒤르켐의 종교론」, 「불란서의 불교학」 등을 차례로 기고하면서, 유럽의 근대 불교학 연구물들을 소개한다. 김법린은 동서양 철학을 오랫동안 폭넓게 연구한 경험을 바탕으로 근대 학문의 연구 환경이 열악한 당시 국내 학계의 불교학 연구 현황을 파악하고, 서구의 철학과 불교학 연구를 알리는 것에 초점을 맞춘다.

그의 논문 「12인연에 대하여」는 불교 사상이 가진 고유한 세계관과 초기 불교 사상의 근본인 연기론(緣起論)에 주목한 것으로 불교학 논문으로서는 처음 발표한 것이다. 특히 그는 1932년 6월부터 9월까지 『불교』에 「유식이십론(唯識二十論)의 연구」를 4회에 걸쳐서 연재하며, 이는 그의 학문적 성과로는 대표작이라고 할 수 있다. 이 연재물에서 그는 전통적으로 한문 중심으로 연구되어 왔던 불교학 연구 방법론을 비판하며, 근대 불교학 연구의 새로운 방법론을 제시한다. 그는 산스크리트어 등의 원전어를 중심으로 한 언어학적 비교 연구를 통해서 문헌학에 기초하여 근대 불교학 연구 방법론을 충실하게 선보이고 있다. 1회에서 3회에 이르기까지는 '범한논문대조'라는 이름으로 산스크리트어 원문과 현장(玄奘)과 진제(眞諦)의 한역 번역본을 대조하면서 『유식이십론』을 번역하고 있다. 마지막 4회에는 '연구'라는 제목으로 기존의 불교학 연구사를 검토하여, 불교학 연구 방법론에 대한 자신의 견해를 피력한다. 여기에서 그는 기존의 연구 방법론에 대한 반성과 근대 불교학 연구 방법론 도입의 필요성을 논리적으로 전개한다. 기존의 불교학은 교상판석(敎相判釋)에 입각하여 불교를 하나의 통일된 형태로 이해하려고 하는데 이는 시대 상황과 지역 상황을 고려하지 않는 태도이며 이는 살아 있는 사상으로서 불교가 아닌, 단순히 죽은 교학으로서 불교를 이해하는 것에 지나지 않는다고 비판한다. 즉 하나의 사상은 시간과 공간의 상대성을 충분히 인지하여 연구되어야 하며, 불교는 살아 있는 교학으로서의 사상이 되어야 한다고 역설한다.

그는 마지막 학문적 연구 업적이라고 할 수 있는 「불란서의 불교학」에서 근대 프랑스의 불교학 연구의 역사와 인물들을 소개한다. 그는 여기에서 인도 불교 연구, 중국 불교 연구, 티베트 불교 연구로 불교학 연구 방법론을 세 영역으로 구분하여 각 영역의 연구 활동과 중심 학자들을 소개한다. 그러면서 그는 근대 유럽 불교학의 특징으로 팔리어와 산스크리트어 문헌뿐만 아니라 티베트어, 한문에 이르기까지 다양한 언어를 다루는 연구 영역의 광범위함을 제시한다. 그리고 이 광범위함은 연구 방법에서 언어학적으로 철저한 고증의 바탕 위에서 출발한다고 분석한다. 한편 유럽의 연구 방법은 이와 더불어 역사적 비판을 동시에 진행하므로, 연구 결론에서 자유로워질 수 있다고 분석한다. 즉 불교가 살아 있는 사상으로서의 역할을 할 수 있음을 역설하고 있는 것이다.

김법린의 근대 불교학 연구의 특징은 살아 있는 교학으로서의 불교이며, 이는 단순한 서구의 신문물을 도입하는 것에 그치는 것이 아니라, 동서양 문명의 융합을 통하여 한국 불교학 연구가 나아가야 할 길을 제시한 것이다. 그의 유학 경험은 단순한 유럽의 방법을 도입하는 것이 아니라 유럽의 문명과 동양의 문명이 매개될 수 있는 소중한 자산이었던 것이다. 이를 위해서 그는 시골까지 잘 정비된 프랑스의 도서관을 소개하면서「제일 그리운 도서관」이라는 글을 기고하기도 한다. 또, 도서의 구비와 도서관의 설치가 불교학 연구를 위하여 무엇보다 선결되어야 하는 전제 조건임을 강조한다. 근대 불교학 연구 방법론의 도입을 통한 새로운 불교학 연구 방법론을 제시한 그의 학문적인 열정은 이후 다시 1932년 일본의 고마자와대학교에서 2년간 수학하면서 계속 이어지기도 한다. 김법린이 보여 준 근대 불교학 연구 방법론과 학문적 태도는 현재까지도 유효한 매우 큰 울림이었지만, 이후 그는 더 이상 학문 연구에 전념할 수 없게 된다. 당시의 불교계의 여러 복잡한 상황과 암울한 조국의 현실이 그를 더 이상 연구에 전념할 수 없게 한 것이다.

3. 불교와 더불어, 다시 시대와 나란히

김법린은 귀국 이후에도 불교를 기반으로 하여 불교 유신 운동, 불교 청년 운동, 조선불교선교양종승려대회 등을 주도하며 불교계의 혁신 운동과 독립 운동에 주도적으로 참여한다. 특히 그는 1930년 5월에 독립 운동의 한계를 느끼고 새로운 돌파구를 모색하기 위하여, 백성욱, 김상호, 이용조, 조학유 등의 청년 불교 지도자들과 함께 비밀 결사 조직인 만당(卍黨)을 결성한다. 한용운을 만당의 당수로 추대하고, 불교의 행정 확립, 불교의 대중화, 종교와 정치의 분리를 기본 강령으로 활동한다. 불교 혁신 운동, 정교분립을 위해서는 일본의 조선 불교 통치 수단인 사찰령 폐지를 촉구한다. 교정 확립을 위해서는 불교계의 행정 운영의 합리성을 주창한다. 그리고 불교의 대중화를 위해서는 포교와 교육, 역경 방면에 적극적으로 임해야 함을 강조한다.

만당 결성 이후에 김법린은 고마자와대학교에서 유학하면서 만당의 일본 지부를 조직하여 유학하고 있던 최범술, 허영호, 장도환 등과 함께 활동한다. 비밀 결사 조직이었던 만당의 대외적 명칭은 조선불교청년총동맹이었으며, 1931년 김법린은 총동맹의 동경지부장으로 선출되어 공개적인 항일 운동을 지속한다. 이듬해에는 귀국하여, 잡지 『불교』의 주간을 맡아서 불교의 대중화와 함께 독립 운동을 이어 간다. 그는 특히 이 당시에 사찰령 폐지를 강력히 촉구하는데, 사찰령은 불교의 교무 행정 일체를 간섭하는 것으로 불교의 자주권을 부인하는 것이라고 비판한다. 사찰의 주지 임명에서부터 재산의 처분, 사찰의 조직 등 조선 불교의 일체가 정치 당국의 손에 달려 있고, 위정자의 재가를 기다려야 하는 현실을 강력히 성토한다.

재정난으로『불교』지의 발행이 중단되자, 그는 만당 결사 조직의 본거지였던 경남 사천의 다솔사로 가족과 함께 내려간다. 그는 다솔사 강원에서 강의를 시작하는데, 다솔사 강원은 당시의 여타의 불교 강원과는 다르게 근대적 성격을 띠었다. 다솔사 강원은 '현대 불교도에게 필요한 일반 학술에 관한 지식 기능을 교수하여, 실제 생활에 적절한 인재 양성을 목적'으로 설립되어 전통적 강원과 성격을 달리했다. 그는 그곳에서 불교뿐만 아니라 영어와 역사 등을 강의하면서 시대의 변화와 상황을 주도한다. 그의 활동은 다솔사를 중심으로 해인사와 범어사까지 확장되는데, 기록에 의하면 해인사 강연에서는 고려대장경 각판 문화의 우수성을 역설하고, 이는 민족의 소중한 자산임을 강조하여, 불교 문화를 재건하는 것이 민족 부흥의 일환임을 피력한다. 김법린은 1938년 만당의 전모가 노출되면서 진주경찰서에 수감되고, 결사 조직은 해체된다. 이후 그는 범어사로 돌아가서 불교전문강원에서 강의하며, 교육과 포교에 전념한다.

시대의 상황과 불교의 근대화를 고민하던 김법린에게 스승 한용운의 사상과 삶은 그의 삶에 흔들리지 않는 표본이 된다. 그는 한용운과의 교류를 통한 사상적 영향으로 불교는 민중 본위여야 하며, 현실 참여의 사상으로서 구체적 형태로 실천되어야 한다고 주장한다.

그의 이러한 사상적 기조는 사회적으로는 조선어학회 활동으로 구체적으로 실천된다. 김법린은 프랑스와 일본 유학을 통해 연마한 여러 능숙한 외국어 실력을 바탕으로 모국어의 중요성을 절감한다. 그는 모국어를 모른다는 것은 자각을 잃어버리는 것이며, 민족의 존재를 망각하는 것이라고 한다. 따라서 그는 모국어의 발전이야말로 민족의 발전으로 연결되므로, 모국어 연구의 필요성을 절감한다. 일본의 탄압으로 쇠퇴해지는 민족혼을 지키기 위한 일의 일환으로 조선어학회가 주관하던 조선어사전편찬위원에도 참여한다. 그는 조선어사전 편찬에도 관여하여 프랑스어와 불교 용어에 관하여 자문과 심의를 맡았으며, 1942년 조선어학회 사건에 연루되어 최현배, 이희승 등의 국어학자와 함께 모진 고초를 겪게 된다. 동시에 그가 원장으로 재임했던 범어사의 금정불교전문강원은 강제 폐교를 당한다.

김법린은 범어사에서 조국의 해방을 맞이하고, 이후 서울로 복귀하여 조선 불교 조계종을 접수하기 위하여 적극적으로 활동한다. 그가 이후 활동한 불교의 기본 사상은 근대와 혁신이라는 단어로 요약할 수 있다. 그는 1945년 9월 22일에 전국의 승려대회를 개회하여 당시의 불교계의 주요 현안을 논의하고, 조선 불교 조계종이라는 기존의 종명을 조선 불교로 대체하고 중앙총무원을 설치한다. 그리고 초대 교정으로 박한영을 추대하고, 총무원장으로는 본인이 취임한다. 불교 교육의 중요성을 강조한 김법린의 사상은 1946년 총무원장으로 취임할 때도 그 정신이 여실히 나타난다. 비록 미군정에 의해 좌절되었지만, 김법린은 사찰령(寺刹令)

의 폐지를 강력히 추진하였다. 그는 일본에 의해 제정된 사찰령은 불교 행정에 대해 일체를 간섭하는 것으로 내부적으로는 자주권을 전면 부인하는 것이며, 모든 권한이 정치권의 재가를 통해서만 가능하다고 분석한다. 이는 종교의 자유를 부정하는 것이면서, 정치와 종교의 분리에도 위배되는 것이라고 성토하면서, 미군정의 부당함을 다른 민족과 이교도(異敎徒)의 손에 불교가 부대낌으로써 갱생의 길과 자주화의 길이 봉쇄되고 있다고 강하게 불만을 토로한다.

해방 이후 정치적 좌우 대립과 연관되어 불교 교단 내에서도 내부적 갈등이 좌우, 혹은 혁신 단체와 기존의 질서가 어지럽게 난립하면서 혼돈에 빠진다. 김법린은 당시의 불교 교단을 한용운의 불교 유신 정신에 토대를 두고 대승 불교 건설을 주창하면서, 혁신 단체가 주장하는 비구 승단의 건설을 반대한다. 혁신 단체가 이를 위해 교도(敎徒)제를 신설하여, 청청한 비구 승려와 일반 신도의 중간에 대처승을 교도의 위치에 두고, 비구 승려의 위치를 격상하려는 것을 반대한다. 이는 지금의 한국 불교 현실과는 동떨어진 인식이나, 그는 비구 승단 중심으로 다시 돌아가는 것은 시대의 정신을 역행하는 것으로 한용운의 불교 유신 정신에 위반되는 것이라고 반박한다. 그는 한용운의 유신 정신과 함께 그때 당시의 주요한 불교 지도자들이 대부분 대처승이었다는 현실적인 문제도 인식하고 있었던 것이다.

김법린이 해방 이후 추구하고자 한 불교의 근대화와 혁신은 곧 대승 불교였으며, 이는 한용운이 주장한 조선 불교의 유신론에서 불교는 결코 승려만의 불교, 사찰만의 불교로 머물러서는 안 되며, 대중과 함께해야 한다는 정신과 맞닿아 있다. 불교의 근대화와 혁신을 위해서 주창한 대승 불교를 김법린은 보다 구체적으로 현실에서 민중 본위적인 불교의 실천으로 이어져야 한다고 설명하며, 이렇게 새롭게 정비한 한국 불교는 이제 '산간 사원의 불교를 도시 대중의 불교로'라는 구호를 내걸고 도약을 모색한다고 한다.

> 산사로부터 도시로! 승려 본위로부터 신도 본위로!
> 은둔적, 독선적 불교로부터 사회적 겸제적(兼濟的) 불교로 나아가자!
>
> 즉 민중 중심의 불교 운동 제창은 현하 조선 불교의 갱신 운동의 당면 과제 중 하나이다. 종교는 요컨대 사회적 현상이다. 대중을 이끄는 것이 그의 천직이요, 대중과의 접촉이 그의 생명이다. 이 천직을 망각하고 이 생명을 무시함이 현재 조선 불교와 같은 자 없나니!
>
> ─『불교』

위의 인용문에서 볼 수 있듯이, 민중 중심의 불교 운동은 당대의 불교가 담당해야 할 당면 과제이며, 민중 중심의 불교 실현은 신불교 운동의 이상 가운데 가장 중요한 것으로 전제한다. 불교 운동은 산사에서 도시 중심으로, 승려 중심에서 신도 중심으로, 고립된 불교에서 사회를 구제(救濟)하는 것으로 방향을 전환해야 함을 역설한다. 또한 그는 종교를 사회적 현상의 하나로 파악하고, 당대 사회의 문맹 퇴치 운동이나 농촌 계몽 운동, 상식 보급 운동이나, 수재와 기근 등의 현실적 구호 활동에 소홀하거나 무관심한, 대중과 동떨어진 불교를 비판한다. 김법린은 불교가 부흥하기 위해서는 인재의 양성과 더불어 포교에 적극적이어야 함을 역설한다. 즉 불교가 더 이상 산중에 머물러 있는 것이 아니라 도시로 나와서 대중과 함께 호흡해야 하며, 산사에서 홀로 면벽(面壁) 수행하며 깨달음을 추구하는 독선에서 벗어나 모든 중생을 구제하기 위한 사회적 활동이 필요함을 표방한다.

따라서 그는 포교와 교화의 대상을 다수의 일반 대중이라고 판단하고, 당시 국민의 8할 이상이 문맹이라는 사실에 입각하여, 문맹 퇴치와 상식의 보급이 현실을 해결하는 데 가장 우선시되어야 한다고 주장한다. 따라서 신불교 운동은 무기력하고 비활동적인 불교청년회가 시대의 정신과 요구를 인식하고 앞장서서 적극적인 사회 활동을 해 줄 것을 요청한다. 청년의 전위적(前衛的)인 활동을 통해서 신불교의 실현은 가능하다고 본 것이다. 이러한 청년의 활동을 기반으로 기존의 포교 방법도 근본적으로 변화하여야만 시대와 사회의 요구에 부흥할 수 있다고 한다. 청년 활동가를 중심으로, 기존의 포교당이 승려와 신도의 장벽을 없앨 수 있도록, 신도 단체의 역할을 강조하며, 승려는 종교 지도자로서의 본분에 충실할 것을 요구한다. 한 걸음 더 나아가 그는 포교당이 단순히 신앙을 실천하는 종교적 기능에만 머물 것이 아니라, 사회적 교류의 중심 장소로서의 역할을 담당하여야 한다고 주장한다. 그는 대중적·민중적 불교의 실현이 신불교 운동의 궁극적인 목표가 되어야 하며, 대중과의 적극적인 접촉을 통하여 시대와 사회의 변화에 적극적으로 대응하는 것이 요구된다고 주장한다. 불교 교학이 살아 있는 사상이어야 함을 강조한 그는 종교는 사회적 현상의 결과물이며, 이는 시대상을 반영하는 것이므로, 대중과 적극적인 소통을 통해서 바람직한 방향으로 나아갈 수 있음을 제시하고 있다. 즉 대중과 격리된 불교는 무용함을 역설한 것이다. 김법린의 이러한 시대 인식은 비구승(比丘僧) 중심의 불교를 비판하며, 한용운이 제창하는 불교 유신 정신에 입각한 대승 불교 중심의 불교를 제창했다. 그러나 김법린의 대승 불교를 주장하면서 한용운의 정신을 계승하고자 한 노력은, 이후 1950년대의 불교 정화 운동에서 철저히 배제되고 만다.

4. 교육자·교육 경영자 그리고 현실 정치인

김법린은 자신의 학문적 여정에서 국내외에서 어느 누구보다도 근대화의 신교육을 다양하게 경험하였고, 이는 그가 교육자로서 활동하면서 자신이 입은 혜택을 환원하려는 노력으로 나타난다. 그의 본격적인 교육 활동은 프랑스에서 귀국 직후, 불교전수학교에서 강사로 활동하면서 시작된다. 불교전수학교가 중앙불교전문학교로 승격되자 그는 서양 철학을 강의하면서 청년들에게 불교를 기반으로 한 시대정신을 일깨우는 데 열성을 보인다. 이후 사천 다솔사 강원과 광명학원에서 후학을 지도하였으며, 이후 다솔사 강원이 해인사 강원과 합병되면서 해인사에서 가르침을 이어 가고 계속해서 범어사 불교전문강원에서 가르침을 이어 간다. 이 시기에 그는 온전히 불교계의 인재 양성을 위해 전념하면서, 강원에서도 불교뿐만 아니라 영어와 역사 등을 강의하면서 청년들에게 민족 정신을 고취시킨다. 따라서 그가 불교 교육의 중요성을 강조하는 것은 너무나도 자연스러운 것이며, 이를 위해 실천하기도 한다.

1946년 총무원장으로서 불교의 다양한 비전을 제시하면서, 교육에 대한 그의 열정은 '흥학(興學)'을 통한 인재 양성을 촉구하는 것으로 이어진다. 혜화전문학교를 대학으로 승격하여 일천만 원가량의 교학재단으로 명실공히 교단의 최고 학부가 될 만한 대학으로 하고, 중학교도 설립하여 일반 학생들에게도 민족 정신과 불교 정신을 고취하여야 한다고 주장한다. 아울러 모범적인 총림(叢林)을 건설하여 선(禪)과 교(敎), 의례 등의 순수한 수행 방면의 수행자도 도제(徒弟) 방식으로 양성할 것을 도모하기도 한다. 이와 같은 노력은 불교 교육의 현대화와 체계적인 인재 양성을 배출하기 위한 큰 그림을 치밀하게 그린 것이다.

그는 이를 위해 첫째, 전국승려대회를 통해 일제 강점기 말에 강제 폐쇄되었던 혜화전문학교의 복교를 결정하고 다시 개교할 수 있게 하였다. 복교가 결정된 혜화전문학교는 그의 비전대로 1946년 동국대학교로 승격되어 불교학 연구에 있어서 중추적인 역할을 담당한다. 그는 1949년에 동국학원의 이사장으로, 1963년에는 동국대학교 총장으로 취임한다. 비록 짧은 기간이었지만 그는 재임 기간 동안 대학 교육의 현대화를 위한 많은 노력을 하였는데, 동국역경원을 설립하여, 역경(譯經) 사업의 주춧돌을 놓았으며, 박물관과 불교문화연구원 등을 개설하여 체계적인 교육과 연구가 가능할 수 있도록 하였다. 동시에 그는 학문과 수행의 자기완성을 위해서 대학에 선원(禪院)을 설립하기도 하였다. 특히 1964년 불교대학에 인도철학과를 신설함으로써 한국 불교학 연구에서 학문적 기초를 마련하고 연구의 시야를 넓힐 수 있는 결정적 기초를 마련한다. 그는 학문 없는 대학은 시체와 같고, 업적이 없는 학자는 노래하지 않는 가수와 같으며, 백성을 괴롭히는 정치가 필요 없듯이 공부하지 않는 학생은 필요 없다고 할 정도로 학문 제일주의를 표방하며 실천하려고 하였다. 그는 교육자로서 근대 불교학 방법론을 소개하고 도입하였을 뿐만 아니라, 교육 경영자로서 대학의 경영과 행정적 측면에서도 지금까지도 그 영향력이 지속되는 뛰어난 업적들을 남겼다.

그는 또한 수행자의 양성을 위하여, 1946년 해인사에 최초로 가야총림이 설립되는 데 주도적인 역할을 한다. 효봉 선사를 조실(祖室)로 모시고, 여러 가지 어려운 여건에도 불구하고 설립된 가야총림은 한국 불교가 불법(佛法)을 수호하고 오늘날과 같은 수행 전통을 지속하는 데 크게 이바지하고 있다.

김법린은 해방 이후 불교의 부흥과 발전에 노력하였을 뿐만 아니라, 한편으로는 조국의 건국에도 적극적으로 참여한다. 1946년 그는 비상국민회의 대위원과, 남조선과도입법위원회 위원으로 정부 수립에 참여하고, 뒤이어 1948년에는 대한민국 감찰위원회 위원을 시작으로 고등고시위원회 위원, 고시위원회 위원장을 차례로 역임한다. 특히 그는 1953년 프랑스 유학 경험을 기반으로 유네스코(UNESCO) 한국위원회의 초대 원장으로 취임하였고, 이후 한불문화협회장을 역임하면서, 한국 불교 문화의 우수성과 보편성을 알릴 수 있는 초석을 마련한다. 1952년에 문교부 장관에 취임하고, 특히 1954년에는 부산 동래에서 제3대 민의원으로 국회의원으로 당선되어 현실 정치인으로 활동한다.

승려의 신분으로 김법린의 다양한 현실 참여, 특히 정치인으로서 활동에 대한 평가는 아직 객관적으로 이루어지고 있지 않다. 그럼에도 불구하고 그의 활동은 공과(功過)는 차치하더라도 그가 평생을 살면서 불교 사상에 투철하면서도 현실 참여를 외면하지 않았던, 독립 운동 당시에 실천하였던 사회적 참여의 연장선에서 이해될 수도 있을 것이다. 그에게는 불교의 세계와 현실의 사회가 둘로 구분되어지는 것이 아니었으며, 불교는 시대와 함께할 때만이 비로소 종교로서의 가치가 있다는 것을 늘 인지하고 실천하려고 노력했다. 따라서 어지럽기까지 한 그의 해방 이후의 사회 활동은, 불교의 사회적 실천이라는 측면에서 평가가 이루어져야 할 것이다.

어두운 시대에 태어나 불교의 진리와 사회적 정의를 위하여 치열하게 살다 간 김법린의 삶의 행적은 혼돈의 시대 상황만큼이나 다채롭고 폭넓다. 그의 삶은 불교의 선각자로서의 전형을 보여 주면서도, 결코 불교의 테두리에 한정 지을 수만은 없다. 김법린은 근대 불교학의 지성인으로서, 교육자와 교육 경영인으로서 두드러진 성과를 남겼다. 또한 그는 조국 독립 운동의 중심에 선 투사로서 시대적 요청을 결코 외면하지 않았다. 해방 이후에는 정치, 사회적 지도자로서 다방면에 흔적을 남겼다. 김법린이 일생을 두고 고민한 화두(話頭)는 불교가 시대에 맞추어 어떤 방면에 그 역량을 집중하여 어떻게 사회에 공헌할 수 있을까라는 것으로 요약할 수 있다. 이는 그에게 근대와 혁신의 새로운 불교 사상과 실천으로 이어지고, 이는 민중 본위의 불교와 현실 참여의 불교로 구체화된다. 그럼에도 불구하고 승려로서의 현실 정치의 참여는 재고해 볼 필요가 있는 반면, 동시에 평생을 시대와 함께 적극적으로 현실 참여를 한 독립 운동의 궤적은 역사에 길이 남을 만큼 찬란한 것이다. 행동하는 지식인의 삶이 다양한 현실 참여에서 필연적으로 마주하게 되는 빛과 어둠이라고도 볼 수 있다. 그의 이러한 삶의 결과는 1995년 건국훈장 독립장이 추서되고, 국가보훈처에서 2012년 6월 이달의 독립 운동가로 선정한 것으로 기록된다.

김일엽,

신(新)여성에서
대선사(大禪師)가 되다

성청환
동국대학교 인도철학불교학연구소

김일엽(金一葉, 1896~1971)은 한국 근현대를 대표하는 신여성이면서, 동시에 불교계를 대표하는 여성 선지식이다. 김일엽은 일제 강점기와 해방 이후의 산업화 시기에 이르기까지 치열하고 열정적인 삶을 살았던 문인이며, 교육자이고, 사회 개혁의 운동가이며, 당대를 대표하는 비구니였다. 그는 승려가 되기 이전의 세속의 삶에서는 긍정적인 측면이든지 부정적인 측면이든지 언제나 화제의 중심에 있었으나, 출가 이후에는 이상적인 수행자로서의 모범을 보인 사표(師表)이다. 김일엽의 일생은 개화기에 불꽃같은 삶을 산 신여성에서 불교에 입문하여 한국을 대표하는 여성 수행자로 변모하기까지의 치열함을 고스란히 보여 준다.

1. 죽음을 마주한 유년 시절

김일엽은 19세기 끝 무렵에 평안남도 용강군에서 아버지 김용겸과 어머니 이마대의 5남매의 맏딸로 태어났으며, 본명은 김원주(金原周)이다. 그의 부친은 향교의 향장(鄕長)을 역임할 만큼 성리학에 밝았으며, 이후

감리교 목사로 활동하며, 기독교 사상을 수용한 개화기의 지식인이었다. 이러한 영향으로 김일엽은 그 시대에 남성들의 전유물로 여겨지던 서당 교육을 통해 전통 한학(漢學) 교육을 받을 수 있었다. 또한 개화기 기독교 의 영향과 깨어 있던 생활력 강한 어머니의 영향으로 소학교를 거쳐 삼 숭보통여학교에 차례로 입학하여 수학하게 된다. 삼숭보통여학교에 재 학 중에는 한국 최초의 소프라노인 윤심덕을 만나 이후 오랫동안 절친한 친구 관계를 유지한다. 즉 그는 한학을 수학한 후, 목사의 맏딸로서 기독 교의 신학문을 교육을 받았으며, 이는 남성들도 받기 힘든 전통 교육과 기독교 교육을 동시에 이수한 보기 드문 경우이다. 이러한 교육의 혜택 은 김일엽이 12살 때인 1907년 지은 '동생의 죽음'이라는 시에서 일찍이 그 천재성을 드러낸다.

업으면 방글방글 내리면 아장아장, 귀여운 내 동생이
어느 하루는 불 때 논 그 방에서도, 달달달 떨고 누웠더니
다시는 못 깨는 잠드렀다고,
엄마 아빠 울고 울면서
그만 땅속에 영영 재웠소.
…
새봄에 싹트는 움들과 함께
네 다시 깨어 만난다면이야
언제나 너를 업어, 다시는 언니 혼자 가지를 아니하꼬마.

— 「동생의 죽음」

이 시에서는 어린 소녀의 시선에서 생전의 동생의 모습을 묘사하고, 동생을 잃은 후 슬픔에 빠진 부모님의 행위를 담담히 서술하면서, 동시에 자연의 변화와 섭리를 이해하는 영민함이 드러난다. 그리고 죽음 이후를 상상하는 사유의 깊이와 문학적 감수성이 잘 드러난다. 그는 훗날 '슬픔의 충격은 스스로 깨달음[자각(自覺)]을 할 수 있는 계기가 되었으며 이는 참담한 감정을 글로 옮기는 계기가 되었다'고 회고한다. 이 시는 최남선의 최초의 신체시라고 알려진 「해에게서 소년에게」보다 시기적으로 1년 앞선 1907년에 쓰인 것이다.

동생의 죽음을 시작으로 그는 어머니와 아버지를 일찍이 여의었고, 나머지 동생들 또한 연이어 사망하면서, 17세의 나이에 홀로 남게 된다. 연이은 피붙이의 죽음을 경험한 그의 유년 시절은 삶과 죽음을 자연스럽게 사색할 수 있는 계기가 되었을 것이다.

비록 홀로 남겨졌지만, 김원주는 외할머니의 관심과 후원으로 이화학당에 입학하여 신학문을 배운다. 이화학당 중등부에서는 문학 동아리 이문회(以文會)에서 활동하였으며 신학문의 학습 기회를 이어 간다.

2. 신여성: 동등한 인격적 주체로서의 여성

김원주는 1918년, 이화학당을 졸업하고 연희전문학교의 교수로 재직하던 이노익과 결혼한다. 남편의 후원으로 일본 동경영화학교에 유학하였고, 이곳에서 이광수와 나혜석 등의 조선 지식인과 만나, 이후 지속적으로 교류하게 된다. 이 무렵 이광수는 그에게 일본의 여성 소설가 '히구치 이치요(桶口一葉)'의 이름을 따서 일엽(一葉)이라는 필명을 선사한다. 특히 이 기간에는 잡지 『여자계』를 접하고 많은 영향을 받는다. 이 잡지는 일본에 유학하고 있던 조선인 여자 유학생들이 중심이 되어 발간한 최초의 잡지이며, 최초의 여류 화가였던 나혜석이 주간으로 활발하게 활동하고 있었다.

3·1 운동이 무위로 끝났다는 무력감에, 1년여의 짧은 일본 생활을 마치고 돌아온 김일엽은 한국에서 1920년 2월 『신여자』 창간을 주도하는데, 이 잡지는 '발행인 빌링스 부인(Mrs. Billings), 편집인 김원주'로 표기되어 있다. 3·1 운동 직후 일본의 새로운 문화 정책으로 상대적으로 검열이 완화되면서 한국 지성계는 다양한 잡지의 창간이 붐을 이루었고 이후, 『여자시론』, 『신여성』, 『부인』 등의 여성 잡지들이 발간되었다. 『신여자』는 비록 4권을 발간하고 중단되었지만, 이를 계기로 김일엽은 이후 출가하기까지 13여 년에 걸쳐서 시와 수필 소설뿐만 아니라 다양한 평론 등의 작품 활동을 할 수 있는 근원이 되었다. 그는 살아 생전에 소설 및 논설문 여러 편, 수필집 3권 등을 남겼으며, 유고집으로는 이전에 이미 출판된 원고와 많은 부분이 중복되지만 6권의 수필집 등이 있다.

『신여자』는 시나 소설 등의 문학 작품이 실려 있기도 하지만, 주된 방향은 여성들 스스로 사고의 전환과 의식 개혁을 주창하는 것이 핵심으로 이른바 여성 계몽 운동 성격이 매우 강하다. 잡지의 후기에 '기고자는 여자에 국한한다'라는 표현에서도 짐작할 수 있듯이 『신여자』는 철저하게 여성이 주도하여, 여성주의적 시각에서 세상을 분석하고 파악한 최초의 여성 잡지이다. 특히 창간호의 창간사에서 김일엽이 "사회를 개조하려면 먼저 사회의 원소인 가정을 개조하여야 하고, 가정을 개조하려면 가정의 주인 될 여자를 해방하여야 할 것은 물론입니다"라고 하면서 여성 스스로의 자각과 해방을 주장하는 것은 지금에 다시 새겨도 진부하지 않을 정도로 진보적이다. 이 짧은 구절은 잡지가 표방하는 지향점이자, 이후 김일엽이 평생을 살아가면서 실천하고자 한 삶의 신념이기도 하다.

그는 1920년 3월호에 소설 「계시(啓示)」를, 4월호에 「어느 소녀(少女)의 사(死)」를 차례로 발표한다. 후자의 소설은 주인공이 부모님이 정해 준 결혼을 거부하고 자살로써 자신의 결혼관을 부모에게 보내는 유서를 통해서 피력하고 있다. 이는 김일엽 그 스스로가 전통적인 결혼 관계를 거부하고 자유 결혼관을 피력하는 소설이다. 15편에 이르는 그의 소설의 주제는 한결같다고 할 수 있는데, 대체로 새로운 시대에 맞게 여성 스스로가 옛날의 낡은 사고방식에서 벗어나 자각하고 갱생하여야 한다는 계몽주의적 내용을 담고 있다.

이러한 김일엽의 주제 의식은 강연이나 논설문을 통해서는 한층 더 선명하게 표방된다.

몇 세기를 두고 우리 여자를 사람으로 대우치 아니하고 마치 하등 동물과 같이 여자를 몰아다가 남자의 유린에 맡기지 아니하였습니까? … 우리는 신시대의 신여자로 모든 전설적인 일체의 구사상에서 벗어나지 아니하면 아니 되겠습니다. 이것이 바로 '신여자'의 임무요, 사명이요, 또 존재의 이유로 삼는 것이올시다.

— 「우리 신여자의 요구와 주장」

1920년 신여자 선언은 김일엽이 생각해 왔던 기존의 여성에게 불합리한 사회 규범을 정면으로 반박하며, 여성도 남성과 동등하게 인간으로서의 존엄을 유지할 수 있는 자유와 권리를 가져야 한다는 주장이다. '신여성론'의 기폭제가 된 이 선언은 기존의 유교적 가부장제 아래에서 억압받는 열악한 삶을 살아가던 여성들에게 남녀평등의 양성 관계를 수립해야 함을 주장하게 된다. 이러한 주장의 연장선상에서 김일엽은 여성에게 맹목적으로 강요되는 순결론을 비판하며, 연애나 결혼 기간에는 외도하지 않는 새로운 개념의 정조론을 피력한다. 그가 말하는 정조는 결코 도덕이 아니라 언제나 변화할 수 있는 관념으로 항상 새롭다고 한다. 이는 그가 자유 연애론을 주장하는 이론적 근거이기도 하다.

『신여자』의 발행 중단 이후, 그의 남편은 미국으로 떠나고, 김일엽은 다시 일본으로 유학을 가게 되면서 그의 첫 결혼은 끝을 맺는다. 그의 신념과는 달리 현실에서 그의 이혼은 보수적인 유학의 성리학자들과 기독교계에서 동시에 비판받는 계기가 된다.

일본 유학 생활을 마치고 귀국한 김일엽은 함께한 임노월의 영향으로 기존의 진보적 여성주의적 시각에 개인주의적 예술지상주의적인 사상에 잠시 심취하기도 한다. 1925년부터 3년간 아현보통학교(阿峴普通學校)의 조선어, 문학 과목 담당 교사로 재직하였고, 이후에는 동대문의 한 소학교에서 교사로 활동하면서, 간호원 양성소 등에서도 가르침을 이어 갔

다. 이 기간 동안에『조선일보』,『동아일보』,『매일신보』,『조선문단』 등
여러 신문과 잡지에 논설문과 칼럼 등을 기고하였다.

활발한 저술 활동을 통해서 그는 여성의 삶이 억압받고 부조리한 근본
이유가 여성들의 무지함이라고 파악한다. 이를 극복하는 방법으로 여성
에게도 동등하게 교육의 기회를 부여하는 것이 필요하다고 주장한다. 교
육을 통해서 여성들은 스스로의 삶에 대해서 자각할 수 있으며 이를 통
해 진정한 삶의 해방을 추구할 수 있다고 외치면서, 이를 위해서는 언론
과 잡지 등을 통한 여성 계몽 운동도 필요하다고 피력한다. 즉 그는 여성
은 가부장적 질서 아래에 억압받는 남성을 위한 부속품이 아니라, 동등
한 한 사람의 인격체임을 끊임없이 주장한다. 항상 사회적 논란과 대중
들의 호기심의 대상이었던 자신의 개인적 삶의 실존적 체험에 근거하여,
기존에 남녀에 따라 다르게 규정되었던 도덕적 기준을 철저하게 거부하
고, 평등한 양성 관계 수립을 주장한다.

특히 1926년 중앙기독교청년회관이 주최한 '자유 결혼 문제' 토론회에
참석하여, 결혼과 연애는 누구나 자유롭게 할 수 있어야 한다고 주장한
다. 이후 전국 각지에 강연을 다니면서 자유 결혼, 자유 연애 운동을 설
파하고 다닌다. 그의 이러한 주장과 행위는 젊은 청년 남녀에게는 새로
운 세계관을 제시하는 것으로 열광의 대상이었으며, 동시에 기존의 성리
학자들과 남성 중심의 사회에서는 비난과 멸시의 대상이었다.

3. 백성욱을 만나다. 불교를 접하다.

다양한 저술 활동과 활발한 사회적 활동을 이어 가던 김일엽은 기존의 사회 질서인 성리학도 거부하지만, 배타적이고 이분법적인 사고에 기반을 둔 것으로 폐쇄적이라고 느끼면서 유년 시절과 청년 시절에 그에게 지대한 영향을 미쳤던 기독교적 세계관과도 거부한다. 1922년 이후는 기독교 문화와도 완전히 결별한 무종교의 상태였다.

김일엽이 불교와 직접적인 관계를 맺게 된 것은 불교계에서 발행하는 잡지를 통해서이다. 그는 1928년 잡지 『불교』에 문예란에 글을 연재하면서 불교와 본격적인 인연을 이어 가고, 이어서 『불교』의 문예란을 책임지게 된다. 이와 더불어 편집 책임자였던 당대의 불교 지식인 권상로에게서 한문을 배우면서 불교 공부도 시작하게 된다.

비슷한 시기에 프랑스와 독일에서 유학하고 온 백성욱은 『불교』를 통하여 지속적인 저술 활동을 하면서, 불교전수학교에서 여러 불교학 과목을 강의하고 있었다. 백성욱은 화계사 출신의 승려였으며, 당대의 지식인이었다. 1928년 봄에 백성욱이 『불교』의 논설부를 담당하면서 김일엽과 함께 근무하는 기회를 가지게 된다. 두 사람은 곧 연인 관계로 발전하게 되고, 비록 1년에도 못 미치는 짧은 시간의 사랑이었지만, 이 경험은 이후 김일엽의 삶에 지대한 영향을 미치고, 오랜 여운을 남긴다. 훗날 김일엽의 회고록에 자주 등장하는 'B氏'가 바로 백성욱이다.

그는 백성욱을 통하여 본격적으로 불교에 입문하게 되지만, 이때까지

244

는 아직 불교에 깊이 심취하기보다는 인간 백성욱에 매료되었다. 그의 회고록을 보면, 기독교적 교리에 대한 의구심으로 무종교 상태로 십여 년을 지낸 후 백성욱을 만났다고 한다. 백성욱이 강연에서 한 불교의 교리는 세상의 문제를 해결할 수 있게 한다는 설법(說法)에 매료되어 환희(歡喜)의 마음으로 불교를 믿게 되었으나, 아직은 인간적 사랑에 더 치중하게 되었다고 회상한다.

짧은 만남 이후에, 백성욱은 1929년 1월에 현재의 조계사인 각황사에서 '조선불교선교양종승려대회'를 끝내고 수행을 위해서 금강산으로 다시 입산하여, 본격적인 수행으로 승려의 삶을 살아간다. 백성욱이 김일엽을 떠나면서 남긴 것은 어떠한 이유도 설명도 없이 그저 '인연이 다하여 떠난다'라는 짧은 문장뿐이었다. 떠난 백성욱에 대한 그리움을 김일엽은 자전적 소설 「희생」을 통해서 표현하였고, 이별 5개월 후에는 『불교』에 편지를 기고하여, 그의 염원을 공개적으로 표현하기도 하였다. 공개된 편지에서 김일엽은 그와 될 수 있으면 결혼하였으면 하는 바람을 표현하였고, 그것이 여의치 않을 경우에는 가끔 만나 부드러운 말 한마디라도 나눌 수 있는 관계만이라도 유지하기를 바라는 간절한 심정을 드러낸다. 애잔한 이 편지는 역설적이게도, 동시에 현실에서 좌절된 사랑을 본격적인 불교 공부로 전환하는 계기가 된다. 그는 편지의 말미에 이유야 어찌되었든지 간에 이제부터는 언제 어디서라도 불교를 배우지 않을 수 없다는 갈망을 표현하면서, 이 마음이 백성욱을 처음 만났을 때 있었다면, 불교를 조금이라도 깊이 있게 배웠을 것이라고 아쉬움도 피력한다.

떠난 이에 대한 그리움과 불교 공부에 심취한 김일엽은 1929년 8월경에 일본 유학을 한 엘리트 불교도인 대처승(帶妻僧) 하윤실과 결혼하게 된다. 이 시기는 표면적으로는 경제적인 여유와 삶의 안정을 되찾은 때이다. 이때부터 출가 직전까지 김일엽은 가정을 가진 여성 불교 신도로서의 사회적 역할을 활발하게 시작한다.

그는 1928년 9월 '조선불교여자청년회'에 발기인이면서 간부로 가입하여 주도적인 역할을 한다. 이 단체는 1922년 창립되어 강연회, 토론회, 능인여자학원 경영 등의 다양한 사회적 활동을 하였으나, 김일엽이 참여할 무렵에는 활동이 다소 침체되어 있었다. 재기를 모색하고 있던 이 단체는 김일엽의 참여와 더불어 명성여자실업학원을 운영하면서 활기를 띠게 된다. 동시에 김일엽이 주축이 되어서 문맹 퇴치의 일환인 문자 보급 운동을 활발하게 진행하였다. 이후 이 단체는 불교 청년 운동의 단일 단체인 조선불교청년총동맹 산하의 경성여자동맹으로 전환되었고, 김일엽은 집행위원으로 선출되어, 문교부장, 회계장 등을 역임하면서 중추적인 역할을 한다.

이 시기의 다양한 불교 활동을 통해서 김일엽은 불교인으로서 적극적인 포교 활동에 대한 염원을 기고 글들에서 표현하며, 불교에 필요한 인재로 거듭나고 싶다는 소망을 다음과 같이 피력한다.

> 그리고 요행하게도 나는 불법을 엇어 드럿스니 교리를 좀 연구도 하고 알기도 한 후에 건필(健筆)을 만드러 대도(大道)를 대중에게 전하는 글을 쓰며 교리에 이그러진 모든 현상을 곳치며 번뇌에 우는 중생을 건지는

데 도움는 일분자(一分子)가 되기로 원력(願力)을 가지는 바이다.

결혼을 통한 세속적 안락과 풍요는 누렸지만, 이에 안주하지 않고, 김일엽은 본인이 알고 체험한 불교에 대한 생각과 신념을 사회에 적극적으로 펼치는 것으로 삶의 방향을 전환한다. 김일엽은 자신의 장점인 능숙한 언변과 글쓰기로써 포교에 나설 뜻을 분명히 하며, 특히 문서 포교에 대한 강한 열망을 내비친다. 그는 불교의 신행 활동의 직접 체험과 사회적 활동인 여성 불교 운동은 서로 분리될 수 없는 것이라고 생각하게 되었고, 이후에 경성여자동맹 활동을 통해서 지방 사원을 순회하는 사찰 순례와 사찰 후원 활동을 주도한다.

이제 김일엽은 단순한 한 명의 불교 신도나 활동가가 아닌 불교계의 지도자로서 자리매김하고 있었으며, 불교는 그에게 종교적, 사상적 정체성을 각인시켜 주는 것이 되었다. 이 시기에 그의 기고문을 살펴보면, 기독교 교리에 대한 불신과 사회주의자들의 위선적 모습을 느끼고 혼란한 시기에 붓다의 소리를 들었다고 서술한다. 그러면서 여러 가지 혼란한 상황에서도 불교를 접한 것에 대해서 매우 만족함을 표현하며, 더욱 깊이 있게 알고자 하는 갈망을 피력한다.

문서를 통한 불교 포교에 강한 염원이 있었던 김일엽은 불교에 대한 연구를 더욱 철저하게 하여야겠다는 실천으로 연결된다. 그는 그의 말이 사람들을 감동시킬 수 있기를 염원하고, 그의 글이 사람들로 하여금 불교를 알게 하는 구도(求道)의 마음을 일으키는 화살이 되기를 바라는 원력을 세운다. 이것은 이전의 신여성 운동에서 여성을 계몽하기 위해서 활발하게 활동하였다면, 이제 불교를 통해서 여성뿐만 아니라 모든 중생(衆生)을 구제(救濟)하고자 하는 서원(誓願)으로의 전환을 의미한다. 동일한 의미의 연장선상에서 김일엽은 출가 직전에 출가한 모든 승려는 모든 중생, 인간의 스승이 되어야 한다고도 강조한다.

김일엽은 1933년, 정식으로 출가하지 않은 채, 6월에서 8월까지 수덕사 견성암에서 현재의 하안거(夏安居) 참선 수행에 참여하였으며, 이때 그의 평생의 스승인 당대의 대선사(大禪師) 만공(滿空, 1871~1946) 스님을 만난다. 만공 스님은 그곳에서 비구니들에게 참선 수행을 지도하고 있었으며, 김일엽은 재가 여신도의 신분에서 그에게서 참선을 수행을 지도받고, 직접 체험하게 된다. 이후 김일엽은 그해 가을 하윤실과 정식으로 이혼하고, 새로운 인생의 길을 시작한다. 그것은 바로 지금까지와는 다른 입산 출가하여 승려의 삶을 사는 것이었다.

세속의 남녀 간의 사랑에서 접한 불교는 이제 김일엽에게 기존의 삶과 결별한 새로운 이정표를 제시하는 자신의 신념이 되었다. 그는 스스로 세간의 온갖 비난을 무릅쓰고 세 번째 결혼 생활을 정리한 것은 결코 그 생활이 불행해서가 아니라 자신이 가야 할 길을 찾았기 때문이라고 밝힌다. 그것은 연애나 부귀영화 등의 사소한 문제에 얽매이지 않는 구도를 향한 갈망이었고 삶과 죽음, 기쁨과 슬픔을 초월하는 득도(得道)에 대한 염원이었다. 그는 이 길을 '나의 완성의 길, 신생의 길'이라고 표현하였으며, 이제 본격적인 수행자로서 불교적 가치를 표방하며 자신의 완성을 위한 삶을 추구하게 된다.

4. 수행하는 출가 승려

정식 승려가 되기 위해서 집을 떠난 김일엽은 경북 김천의 직지사로 향하여, 여성 출가자 전용 선원에서 머문다. 이곳에서 그는 당대의 또 다른 선지식인 이탄옹(李炭翁, 1890~1947) 선사를 만나 처음으로 머리를 깎게 된다. 그리고 약 3개월 후인 11월경에 쓴 시 「시계소리를 드르면서」를 1933년 12월호 『신여성』에 기고한다. 이후 서봉암을 거쳐 이미 인연이 있었던 만공 스님이 참선을 지도하고 있던 금강산 마하연(摩訶衍) 선원에 이른다.

이곳에서 그는 만공 스님으로부터 비구니계를 받는다. 이 마하연 선원은 매우 특이하게도 출가자와 재가자 남녀를 불문하고 모두 함께 모여 참선을 수행하고 정진할 수 있는 곳이었다. 마하연 선원의 독특한 수행 문화와 명성이 자자하였던 만공 스님의 지도 아래 마침내 정식으로 출가하였으니, 그 대략적인 시기는 1934년 3월에서 4월경이다. 그는 이때, 마하연 선원의 본사인 금강산 표훈사의 신림암(神琳庵)에 주석하던 참선 수행자인 비구니 이성혜(李性惠)를 은사로 하여 하엽(荷葉)이라는 법명을 받는다. 김일엽 그 스스로 고백했듯이 1934년부터 그에게 불교의 지침을 가르쳐 준 법사(法師)는 만공 스님이었다. 금강산 마하연 선원에서 참선과 간화선 수행을 마친 후 11월경에 서울로 돌아와 여자선학원(女子禪學院)에서 수행을 이어 간다. 이 기간에 그는 선학원에서 개최된 '조선 불교 선종의 수좌대회(首座大會)'에 표훈사 출신의 김하엽(金荷葉)으로 참석한다.

불교를 접하기 이전에 김일엽은 신여성으로서 개몽적 사상을 주창하는 문필가로, 개인주의적 자유주의의 삶을 추구하던 진보적 지식인으로서 늘 화제의 중심에 있었다. 이러한 김일엽의 출가는 사회적으로도 큰 반향을 불러일으켰으며, 이는 신문과 잡지 등에 기사로 다루어지기도 하였다. 또한 그와 교류하였던 사회적으로 명망 있는 인사들이 호기심으로 방문하기도 하였으며, 그에게 불법(佛法)에 대한 설법(說法)을 요청하기도 하였다. 이러한 사회적 반응과는 별개로 불교계 내부에서는 진보적 개인주의자이자 신여성의 출가를 탐탁하지 않게 여기게 된다. 그의 의도와는 다르게 그의 출가는 단순한 호기심에 의한 것으로 간주되었으며, 아마도 잠시 체험하고, 제대로 승려 생활을 하지 못하고 그만둘 것이라는 의심 어린 시선을 견뎌야만 했다. 드라마틱해 보이는 그의 출가는 사회와 불교계 모두에게서 환영받지 못한 채 시작되었다고 볼 수 있다.

그럼에도 불구하고 김일엽은 서울에서의 짧은 수행 생활을 청산하고, 출가 이전에 수행 체험을 하였던 수덕사의 견성암으로 향한다. 그곳에서 그는 스승 만공 스님의 권유에 따라 참선 수행에 전념하기 위해 절필(絶筆)을 선언하고, 일체의 속세의 인연과 절연(節緣)한다. 그의 회상에 따르면 만공 스님이 출가 수행자는 모름지기 세속에서 익힌 습성인 선(善)과 악(惡)도 모두 버려야 하는데, 여류 시인이라는 명성처럼 글을 읽고 쓰고 하던 습관과 정신적 사유까지도 버릴 수 있겠는가라고 물었다고 한다. 그의 요청에 따라, 출가 초기에 직지사에서 시를 불교 문예지에 기고하던 등의 일체의 저술, 집필 활동을 중단하게 된다. 이러한 김일엽의 절필은 이후 20여 년간 이어진다.

견성암에서 오직 수행에만 정진하였으며, 그의 회고에 따르면 '만 3년쯤이 지나면서 의심삼매(疑心三昧)의 시간을 거쳐서 지해(知解)가 스승의 법문에 제법 대답할 수 있게 되었다'고 한다. 이는 불교에 대한 이해가 어느 정도 무르익은 것으로 볼 수 있으며, 스승에게 제자가 깨침을 점검받는 법거량(法擧量)의 한 장면을 연상시킨다. 이 무렵 1934년 3월에 만공 스님은 김일엽에게 '하엽당(荷葉堂) 백련(白蓮) 도엽(道葉) 비구니(比丘尼)'라는 당호(堂號)와 도호(道號)를 친히 하사한다. 그 의미는 일반적으로 '일엽이 마치 연꽃처럼 되었으며, 그 성품이 백련과 같으니, 마침내 도를 이루는 비구니가 되었다'라는 뜻으로 이해된다.

그의 철처한 수행은 이론적으로는 스승 만공 스님의 가르침을 자신의 시각에서 재해석하고 스스로의 언어로 표현하는 것으로 단련하였다. 실천 수행은 참선 수행의 가장 극한의 일종이라고 할 수 있는 장좌불와(長坐不臥)를 직접적으로 표방하지 않았지만, 스스로 지병을 핑계로 누울 수 없다고 말하면서, 오랜 기간 눕지 않고 꼿꼿이 앉아 수행하였음을 여러 후손들이 증언한다. 이러한 그의 노력으로 마침내 참선 10년 되던 해, 진리를 깨달았음을 시로 표현하는 오도송(悟道頌)을 발표하게 된다.

내가 나를 버려 두고 남만 찾아 헤맸노라.

사람과 그 말소리 서로 못 봄 같아서

볼 모습 없사옵건만 기거자재(起擧自在)하여라.

이 오도송은 출가 이후 온전히 자신의 내면에 침착하며 끊임없이 정진한 수행자의 면모가 잘 드러난다. 내면의 자아를 버려 두고 외부의 것들에 집착하며, 사람과의 관계에서 제대로 된 실상을 파악하지 못하였던 지난날에서 벗어나, 매 순간순간 자신이 행위의 주체가 되는 자유로움을 표현하고 있다. 김일엽은 평생에 법사(法師)로 모신 만공 스님으로부터 다섯 가지 유훈(遺訓)을 받았으며 이를 생애 마지막 순간까지 지키고, 실천하는 신조로 삼았다. 그 내용은 다음과 같다. 첫 번째는 세세생생(世世生生), 참선 이외에는 할 것이 없음을 알 것이며, 두 번째는 사표(師表)가 되는 정법사(正法師)를 결코 여의지 말 것이다. 세 번째는 살아서 육체와 분리되어 남이 되어야 할 것이며, 네 번째는 타인이 곧 나인 줄을 알아야 할 것이다. 그리고 마지막으로 제일 무서운 것이 허공(虛空)임을 알아야 할 것이다. 이는 수행자로서 지켜야 할 기본 태도와, 이분법적으로 분리하지 않는 불교적 세계관이 잘 드러나는 가르침이라고 볼 수 있다.

그는 입산(入山) 출가한 이후 수덕사에서 20여 년을 산문(山門)의 밖을 나가지 않았으며, 사찰 내에서는 수행자들이 질서와 규율을 잘 준수하여, 수행에 전념할 수 있도록 하는 입승(入繩)의 역할을 맡았다. 이와 같은 그의 치열한 수행정진의 삶은 매우 드물면서도 가치 있는 일이며, 김일엽 개인의 깨달음을 향한 절절한 구도의 길을 보여 주는 것일 뿐만은 아니다. 김일엽 이후 지금까지도 여전히 수덕사의 견성암이 한국 불교에서 비구니 수행자들이 선을 수행하기 위한 최고의 도량(道場)이라는 명성을 이어 갈 수 있던 데 매우 중요한 밑거름이다.

김일엽은 1960년 초반에 오랫동안 수행처로 삼았던 견성암을 떠나 수덕사의 또 다른 수행처인 환희대(歡喜臺)로 거처를 옮긴다. 이를 계기로 김일엽의 출가 승려로서의 삶은 또 한 번 변환점을 맞는다.

5. 다시 세상과 마주하다

그는 스승 만공 스님의 지시에 따른 20여 년 가까운 절필 선언 후에 1960년 『어느 수도인의 회상』을 출간하고, 이를 다시 수정 보완하여 2년 후에 『청춘을 불사르고』를 출판한다. 현재까지도 꾸준히 출판되고 있는 『청춘을 불사르고』는 그의 인생 회고록이자 종교적 글쓰기인 일종의 수상록(隨想錄)이다. 반응이 미진했던 첫 번째와 달리 두 번째 출판된 책은 실로 사회적으로 대단한 반응을 일으키며 베스트셀러가 되었다. 연대기 순으로 구성되어 있는 수필이지만 대부분이 시적인 문장으로 구성되어 있는 이 책은 출가 이전의 시인 김일엽과 선이 닿아 있으면서도 한편으로 출가 수행자로서 깨달음의 경지, 득도한 이면을 볼 수 있다. 사회 활동가로서의 생활과 수행자의 생활이 잘 융화되어 담담하게 서술되고 있는 이 책은 '자유', '평화' 등의 단어가 깨달음과 관련하여 빈번히 등장하는데, 이는 평생 그가 지향한 삶의 방향성을 함축하는 개념이라고 볼 수 있다.

그는 20여 년간의 침묵을 깰 수 있었던 동기는 불교에서 흔히 이야기하는 하화중생(下化衆生), 즉 중생을 구제하고자 하는 마음임을 밝히면서 '인간 문제를 해결할 나의 나머지 날들은 아직 알 길이 없다. 그러나 해결 지을 법은 알았기 때문에 이 글로 천하에 전하려는 것이다. 이 글은 누구나 읽어야 할 인생 만년계(萬年計)의 참고문이다'라고 목적을 서술한다.

책이 베스트셀러가 되면서 그에게 엄청난 인지세를 안겼지만, 이는 고스란히 견성암 소속으로 농토를 사들여 대중에게 식량을 공급하는 불양답(佛糧畓)을 마련하는 것에 사용되었다. 이는 출가한 승려는 불법승(佛法僧) 삼보(三寶)의 일원이므로, 자신에게 돌아오는 어떤 것도 삼보에 귀속되어야 한다는 사유의 직접적인 실천이다.

깨달음을 체득한 선사 김일엽의 수행을 통한 실천 수행은 이후에도 지속된다. 1966년 덕숭산의 수덕사에서 그는 '비구니총림원'의 건립을 주도하였다. 한국 불교에서 여성 출가자들을 위한 변변한 수행처가 없는 것을 인식하고, 비구니들이 온전히 수행에 전념할 수 있는 물적 기반을 구축한 의미 있는 불사(佛事)이다. 이를 위한 기금 조성의 일환으로 이광수의 「이차돈의 사」를 불교 포교를 위한 연극으로 각색하여, 1967년 8월에 서울 명동국립극장에서 상연하였다. 이 불교 연극은 최초로 비구니 스님들만 참여한 연극이었으나, 비(非)불교인들에게 큰 호응을 불러일으켰으며, 이는 이후 불교계에서 불교적 시각의 연극이나 영화를 제작하는 단초가 되기도 하였다. 출가하여 오랜 기간 두문불출하며, 오로지 참선과 법문만 실천하던 김일엽은 수필집 발간을 계기로 포교와 사회 운동에 매진함으로써 출가 이전에 행하였던 그의 사회 참여와는 또 다른 사회 운동을 실천하였다고 볼 수 있다.

1971년 2월 1일, 김일엽은 그가 오랜 기간 머물며 수행하였던 견성암에서 76세의 나이로 출가한 지 38년째에 입적(入寂)하였다. 2월 24일에 거행된 김일엽의 다비식(茶毘式)은 한국 불교에서 최초로 '전국비구니장'으로 기록된다. 전국 각지에서 모인 300여 명의 신도가 한마음으로 김일엽의 치열했던 삶과, 수행의 여정을 추모하였다. 대한뉴스 1971년 2월 24일 자에는 김일엽을 40여 년 동안 입산수도하여, 불법을 강의해 왔으며, 우리나라 개화기에 적지 않게 공헌한 당대의 신여성이며, 시인이라고 소개하고 있다.

근대
불교
인물
열전